お仕事さくいん

植物や自然にかかわるお仕事

はじめに

皆さんは、世の中にどんなお仕事があるか知っていますか？

また、すでにやりたいお仕事が決まっている方もいるかもしれませんね。

この本では、植物や自然にかかわるお仕事について幅広く集めて、そのお仕事の説明やどのようなお仕事なのかについて知ることができる本を紹介しています。

タイトルにある「さくいん」とは、知りたいものを探すための入り口のことです。

本のリストから、興味のあるものや、図書館で見つけたものを選んで、「なりたい」仕事を考えるヒントにしてください。

皆さんがこの本を通じて、さまざまな仕事の世界に触れ、未来への第一歩を踏み出すお手伝いができることを願っています。

DBジャパン編集部

この本の使い方

お仕事の名前や植物や自然に
かかわる知識の名前です。

園芸家

花や野菜、果物などの植物を育てる仕事で、植物が元気に育つように、どんな土や肥料が合うかを考えたり、病気や虫から守る工夫をしたりします。美しい花を育てて人々のくらしを明るくしたり、おいしい野菜や果物を作って食べものを届けたりする、大切な仕事です。また、植物が元気に育つ環境を守ることも、園芸家の大事な役目です。自然とふれ合いながら、人々の役に立つ仕事です。

お仕事のことや、知識、場所についての説明です。

▶ お仕事について詳しく知るには

「新13歳のハローワーク」 村上龍著;はまのゆか絵 幻冬舎 2010年3月【学習支援本】

「動物看護師になるには 改訂版=なるにはBOOKS；90」 井上こみち著 ぺりかん社 2017年4月【学習支援本】

「こども手に職図鑑：AIに取って代わられない仕事100：一生モノの職業が一目でわかるマップ付」 子供の科学と手に職図鑑編集委員会編 誠文堂新光社 2020年11月【学習支援本】

▶ お仕事の様子をお話で読むには

「高遠動物病院へようこそ！3」 谷崎泉著 KADOKAWA（富士見L文庫） 2020年10月【ライトノベル・ライト文芸】

「あやかし動物病院の診察カルテ [3]」 一文字鈴著 マイナビ出版（ファン文庫） 2020年11月【ライトノベル・ライト文芸】

そのお仕事について書かれた本に、どのようなものがあるのかを紹介しています。

そのお仕事の様子が物語で読める本に、どのようなものがあるのかを紹介しています。

13

本の情報の見方は次のとおりです。
「本の名前/書いた人や作った人の名前/出版社/出版された年月【本の種類】」

 この本は、植物や自然にかかわる主なお仕事を紹介していますが、全部の種類のお仕事が入っているわけではありません。また、本のリストもすべてのお仕事に入っているわけではありません。

3

目次
もくじ

2 自然にかかわる仕事

3 植物や自然にかかわる知識

1

植物に
かかわる仕事

フローリスト、花屋スタッフ

お花を使って人を笑顔にする仕事で、お客様の希望に合わせて花を選び、花束やアレンジメントを作ります。お誕生日や結婚式、お見まいなど、大切な日のために美しい花を届けます。花の名前や育て方を知っていることはもちろん、色や形の組み合わせを考えるセンスも大切です。また、お客様の話をよく聞き、どんな花がぴったりか考える力も必要です。お花を通じて気持ちを伝える仕事です。

▶ お仕事について詳しく知るには

「宇宙環境動物のしごと：人気の職業早わかり!」 PHP研究所編 PHP研究所 2010年12月【学習支援本】

「ホテルで働く人たち：しごとの現場としくみがわかる!—しごと場見学!」 中村正人著 ぺりかん社 2011年4月【学習支援本】

「社会科見学に役立つわたしたちのくらしとまちのしごと場 4」 ニシ工芸児童教育研究所編 金の星社 2013年3月【学習支援本】

「キャリア教育に活きる!仕事ファイル：センパイに聞く 4」 小峰書店編集部編著 小峰書店 2017年4月【学習支援本】

「調べて、書こう!教科書に出てくる仕事のくふう、見つけたよ 1」 『仕事のくふう、見つけたよ』編集委員会編著 汐文社 2020年2月【学習支援本】

「調べてまとめる!仕事のくふう 1」 岡田博元監修 ポプラ社 2020年4月【学習支援本】

▶ お仕事の様子をお話で読むには

「コスモスあげる」 あまんきみこ脚本;梅田俊作絵 童心社(ともだちだいすき) 2010年9月【紙芝居】

「りんごくんのおうちはどこ?」 とよたかずひこ脚本・絵 童心社(ハロー!はじめての英語 kamishibai第2集) 2010年9月【紙芝居】

「ライオンはかせのはなやさん」 かつらこえ・ぶん BL出版 2010年2月【絵本】

「とうさんとうさんいかがなものか?」 穂高順也作;西村敏雄絵 あかね書房 2010年11月

【絵本】

「ふらふらみつばち―チャイルドブックアップル傑作選；vol.9-4」 うえきまさのぶさく;かとうようこえ　チャイルド本社　2011年7月【絵本】

「ニコニコしょうてんがい―エンブックスのペーパーバック絵本」 ソ・ミジぶん・え　エンブックス　2012年4月【絵本】

「アンヘリカの選択」 丸岡永乃著　春風社　2012年12月【絵本】

「ショコラちゃんはおはなやさん―講談社の幼児えほん. Chocolat Story Book」 中川ひろたかぶん;はたこうしろうえ　講談社　2015年4月【絵本】

「おはなばたけのごちそう：食べられる植物―中国のおはなしシリーズ. 自然科学のおはなし絵本」 流火文;趙海嬌絵;新井悦子訳　ベネッセコーポレーション　2016年8月【絵本】

「ブブのどきどきはいたつや」 白土あつこ作・絵　ひさかたチャイルド　2017年5月【絵本】

「3つのお店 = Three Tree Shops―パラパラブックス；vol.11」 もうひとつの研究所著　青幻舎　2018年7月【絵本】

「みちにさいたおはな―いしだえほん；no. 155」 やまぐちおさむ作　石田製本　2019年7月【絵本】

「泣き虫なお花屋さん」 雨音はるじさく・え　三恵社　2019年12月【絵本】

「みどりババア―童心社のおはなしえほん」 ねじめ正一作;下田昌克絵　童心社　2020年10月【絵本】

「あかいとりのおはなやさん」 せきあゆみえ・ぶん　石田製本　2021年3月【絵本】

「おにわものがたり よせうえへん」 DaisukeKatohぶん・え;カーメン君かんしゅう　ニコモ　2021年4月【絵本】

「のはらのおはなやさん」 さくらじゅんこ作;近藤えり絵　文芸社　2021年6月【絵本】

「花束に謎のリボン」 松尾由美著　光文社（光文社文庫）　2012年2月【ライトノベル・ライト文芸】

「花の佳音」 雨宮諒著　アスキー・メディアワークス（メディアワークス文庫）　2012年4月【ライトノベル・ライト文芸】

「花咲くシンデレラ」 真船るのあ著　集英社（コバルト文庫）　2013年3月【ライトノベル・ライト文芸】

「花工房ノンノの秘密：死をささやく青い花」 深津十一著　宝島社（宝島社文庫）　2014年5月【ライトノベル・ライト文芸】

「今日から「姐」と言われても：NDY企画任侠事件簿」 響野夏菜著　集英社（集英社オレンジ文庫）　2015年7月【ライトノベル・ライト文芸】

「花咲く日本橋おんみょうじ：おばけ嫌いですがお花屋さんと謎を解きます」 四葉夕卜著　双葉社（双葉文庫）　2019年9月【ライトノベル・ライト文芸】

「花咲く神楽坂：謎解きは香りとともに」 じゅん麗香著　マイクロマガジン社（ことのは文庫）　2019年12月【ライトノベル・ライト文芸】

「新宿歌舞伎町の宵町花店：花束には悪意をそえて」 佐藤とうこ著 一迅社（メゾン文庫）2020年5月【ライトノベル・ライト文芸】

「静かに眠るドリアードの森で：緑の声が聴こえる少女―このミス大賞」 冴内城人著 宝島社（宝島社文庫） 2021年4月【ライトノベル・ライト文芸】

ガーデンデザイナー

庭や公園を美しく作る「庭のデザイナー」です。木や花の色や形、置く場所を工夫し、見る人が気持ちよくなる庭を考えます。季節ごとに楽しめる植物を選んだり、ベンチや道のデザインを決めたりして、人が自然の中でくつろげるようにします。植物の知識だけでなく、美しく見せるセンスやデザインの力も大切です。自然と人が楽しく過ごせる場所を作る、やりがいのある仕事です。

▶お仕事について詳しく知るには

「宇宙環境動物のしごと：人気の職業早わかり!」 PHP研究所編 PHP研究所 2010年12月【学習支援本】

「NHKプロフェッショナル仕事の流儀 7」 畠山重篤著;スギヤマカナヨ絵 ポプラ社 2018年4月【学習支援本】

園芸家

花や野菜、果物などの植物を育てる仕事で、植物が元気に育つように、どんな土や肥料が合うかを考えたり、病気や虫から守る工夫をしたりします。美しい花を育てて人々のくらしを明るくしたり、おいしい野菜や果物を作って食べものを届けたりする、大切な仕事です。また、植物が元気に育つ環境を守ることも、園芸家の大事な役目です。自然とふれ合いながら、人々の役に立てる仕事です。

▶ お仕事について詳しく知るには

「新13歳のハローワーク」 村上龍著;はまのゆか絵　幻冬舎　2010年3月【学習支援本】

「動物看護師になるには 改訂版―なるにはBOOKS；90」 井上こみち著　ぺりかん社　2017年4月【学習支援本】

「こども手に職図鑑：AIに取って代わられない仕事100：一生モノの職業が一目でわかるマップ付」 子供の科学と手に職図鑑編集委員会編　誠文堂新光社　2020年11月【学習支援本】

▶ お仕事の様子をお話で読むには

「高遠動物病院へようこそ！3」 谷崎泉著　KADOKAWA（富士見L文庫）　2020年10月【ライトノベル・ライト文芸】

「あやかし動物病院の診察カルテ [3]」 一文字鈴著　マイナビ出版（ファン文庫）　2020年11月【ライトノベル・ライト文芸】

フラワーデザイナー

花を使って美しいかざりを作る仕事で、花束や結婚式・イベントのかざり、プレゼント用のアレンジメントなどを、お客様の気持ちや場面に合わせてデザインします。花の色や形の組み合わせ、全体のバランスを考えながら、見る人が「きれい！」と感じる作品を作ります。花の種類や特徴をよく知ることはもちろん、美しく見せるセンスや工夫も大切です。アイデアを生かして花をデザインする、創造力が求められる仕事です。

▶ **お仕事について詳しく知るには**

「感動する仕事!泣ける仕事!：お仕事熱血ストーリー 5（感じたとおりに表現する）」 学研教育出版　2010年2月【学習支援本】

「新13歳のハローワーク」 村上龍著;はまのゆか絵　幻冬舎　2010年3月【学習支援本】

「フラワーデザイナー = Flower Designer : 時代をつくるデザイナーになりたい!!」 スタジオ248編著　六耀社　2016年3月【学習支援本】

フラワーコーディネーター

花を使って空間を美しく飾る仕事で、結婚式やパーティー、お店やホテルのロビーなどで、どんな花をどこに飾るとよいかを考えます。お客様の希望や、場所の雰囲気に合った花を選び、色の組み合わせやバランスを工夫して、特別な空間を作ります。季節に合った花を選ぶことや、他のインテリアと調和させることも大切です。花を生けるだけでなく、お客様の希望を聞き、デザインを考え、花を美しく見せるための工夫をしています。

▶お仕事について詳しく知るには

「感動する仕事!泣ける仕事! : お仕事熱血ストーリー.5 (感じたとおりに表現する)」 学研教育出版 学研マーケティング (発売)　2010年2月【学習支援本】

グリーンコーディネーター

植物を使って家やお店、オフィスなどを心地よい空間にする仕事で、どんな植物をどこに置けば、見た人がリラックスできるかを考えながら、植物を選び、飾ります。植物には、空気をきれいにするものや、育てやすいものなど、さまざまな種類があります。季節や場所に合った植物を選ぶことや、おしゃれに見せる工夫をすることも大切です。例えば、オフィスには仕事に集中できるような植物を、お店にはお客様が楽しくなるような植物を置くなど、場所に合わせて考えます。

▶お仕事について詳しく知るには

「新13歳のハローワーク」 村上龍著;はまのゆか絵　幻冬舎　2010年3月【学習支援本】

フラワーアレンジメント講師

花を美しく飾る方法を教える仕事で、生徒に花の種類や特徴、色の組み合わせ、飾り方の工夫などをわかりやすく説明しながら、花束やアレンジメントの作り方を教えます。教室には、お花が好きな人やフラワーデザイナーを目指す人が集まります。初心者には基本からていねいに教え、経験のある人は新しいデザインや技術を学べるようにします。季節ごとの花の選び方や、イベントに合ったアレンジの作り方など、さまざまな知識が必要です。

▶ お仕事について詳しく知るには

「新13歳のハローワーク」 村上龍著;はまのゆか絵 幻冬舎 2010年3月【学習支援本】

「宇宙環境動物のしごと：人気の職業早わかり!」 PHP研究所編 PHP研究所 2010年12月【学習支援本】

華道家

「生け花」という日本の伝統的な花の飾り方を
する仕事です。花や枝、葉を使って、美しく飾
る方法を考え、バランスよく生けることが大切
です。生け花は、花の美しさだけでなく、空間
の使い方や季節の移り変わりを大切にします。
華道家は、どんな花や枝をどのように生けるか
を工夫し、見る人に安らぎや感動を与えます。
お茶会や展示会、ホテルやお店の入り口など、
さまざまな場所に生け花を飾ることもあります。

▶ お仕事について詳しく知るには

「新13歳のハローワーク」 村上龍著;はまのゆか絵 幻冬舎 2010年3月【学習支援本】

「マスコミ芸能創作のしごと：人気の職業早わかり!」 PHP研究所編 PHP研究所 2011年
6月【学習支援本】

「夢のお仕事さがし大図鑑：名作マンガで「すき!」を見つける 4」 夢のお仕事さがし大図鑑
編集委員会編 日本図書センター 2016年9月【学習支援本】

「10代のための仕事図鑑 = The career guide for teenagers : 未来の入り口に立つ君へ」
大泉書店編集部編 大泉書店 2017年4月【学習支援本】

▶ お仕事の様子をお話で読むには

「家元探偵マスノくん：県立桜花高校★ぼっち部—Teens' entertainment ; 12」 笹生陽子
著 ポプラ社 2010年11月【児童文学】

花き栽培者

花を育てる仕事で、さまざまな種類の花を育てるために、どんな土や水が必要か、どんな環境で花が元気に育つかをよく考えます。春や夏に咲く花、冬に咲く花など、季節によって咲く花が違うので、季節に合った花を育てることが大切です。花を育てるためには、温度や湿度を管理したり、病気や虫から守ったりすることも重要です。花がきれいに咲くように、細かい気配りが求められます。花き栽培者は、花を育てるだけでなく、花が美しく咲くように工夫し、花を通じて人々に喜びを与える、やりがいのある仕事です。

▶ お仕事について詳しく知るには

「花のつくりとしくみ観察図鑑5 (花屋さんの花)」 松原巌樹著 小峰書店 2010年4月【学習支援本】

▶ お仕事の様子をお話で読むには

「小さなお花屋さん〈よつば登場!〉」 高橋冬星文と絵 文芸社 2015年3月【児童文学】

「横丁のさんたじいさん」 高山榮香作;鴇田由起子絵 銀の鈴社（鈴の音童話） 2015年8月【児童文学】

「九丁目の呪い花屋」 小川彗著;藤中千聖イラスト 小学館（小学館ジュニア文庫） 2015年11月【児童文学】

「菜乃のポケット：おしごとのおはなし花屋さん―シリーズおしごとのおはなし」 村上しいこ作;かべやふよう絵 講談社 2015年11月【児童文学】

「マーサとリーサ花屋さんのお店づくり、手伝います!」 たかおかゆみこ作・絵 岩崎書店 2017年2月【児童文学】

「魔法のフラワーショップ1」 ジーナ・マイヤー著;若松宣子訳 PHP研究所 2018年3月【児童文学】

「魔法のフラワーショップ2」 ジーナ・マイヤー著;若松宣子訳 PHP研究所 2018年7月【児童文学】

「魔法のフラワーショップ 3」 ジーナ・マイヤー著;若松宣子訳　PHP研究所　2018年10月【児童文学】

「魔法のフラワーショップ 4」 ジーナ・マイヤー著;若松宣子訳　PHP研究所　2018年12月【児童文学】

「星がかがやくように」 田坂仁作;高垣真理絵　冨山房インターナショナル　2019年4月【児童文学】

「チイの花たば」 森絵都作;たかおゆうこ絵　岩崎書店　2021年10月【児童文学】

「裁く十字架：レンテンローズ」 太田忠司著　幻冬舎コミックス（幻狼fantasia novels）2010年11月【ライトノベル・ライト文芸】

「笑う月：レンテンローズ」 太田忠司著　幻冬舎コミックス（幻狼fantasia novels）　2011年2月【ライトノベル・ライト文芸】

「眠る竪琴：レンテンローズ」 太田忠司著　幻冬舎コミックス（幻狼fantasia novels）2011年5月【ライトノベル・ライト文芸】

「海の見える花屋フルールの事件記：秋山瑠璃は恋をしない」 清水晴木著　TOブックス（TO文庫）　2015年12月【ライトノベル・ライト文芸】

「花屋の倅と寺息子 [2]」 葛来奈都著　三交社（スカイハイ文庫）　2017年3月【ライトノベル・ライト文芸】

「さくら花店毒物図鑑」 宮野美嘉著　小学館（小学館文庫キャラブン！）　2018年4月【ライトノベル・ライト文芸】

「さくら花店毒物図鑑 [2]」 宮野美嘉著　小学館（小学館文庫キャラブン!）　2018年9月【ライトノベル・ライト文芸】

「須美ちゃんは名探偵!?：浅見光彦シリーズ番外」 内田康夫財団事務局著　光文社（光文社文庫）　2021年5月【ライトノベル・ライト文芸】

「花屋の倅と寺息子 [6]」 葛来奈都著　三交社（スカイハイ文庫）　2021年10月【ライトノベル・ライト文芸】

「月夜に、散りゆく君と最後の恋をした」 木村咲著　スターツ出版（スターツ出版文庫）2021年10月【ライトノベル・ライト文芸】

樹木医（じゅもくい）

木（き）の健康（けんこう）を守（まも）る専門家（せんもんか）で、自然（しぜん）の中（なか）で育（そだ）っている木（き）が元気（げんき）に育（そだ）つように、病気（びょうき）や虫（むし）による被害（ひがい）から守（まも）る方法（ほうほう）を考（かんが）えたり、木（き）が枯（か）れないように手当（てあ）てをしたりします。例（たと）えば、木（き）の根（ね）が病気（びょうき）にかかっていたり、葉（は）っぱが虫（むし）に食（た）べられていたりするとき、樹木医（じゅもくい）はどんな方法（ほうほう）で治療（ちりょう）すれ

ばよいかを考（かんが）えます。必要（ひつよう）に応（おう）じて、薬（くすり）を使（つか）ったり、病気（びょうき）に強（つよ）い品種（ひんしゅ）に植（う）え替（か）えたりすることもあります。樹木医（じゅもくい）は、木（き）や自然（しぜん）を守（まも）るために大切（たいせつ）な役割（やくわり）を担（にな）い、木（き）が健康（けんこう）で元気（げんき）に育（そだ）つようサポートする、やりがいのある仕事（しごと）です。

▶ お仕事について詳しく知るには

「職場体験完全ガイド 15」 ポプラ社 2010年3月【学習支援本】

「新13歳のハローワーク」 村上龍著;はまのゆか絵 幻冬舎 2010年3月【学習支援本】

「木の声が聞こえますか：日本初の女性樹木医・塚本こなみ物語―ノンフィクション・生きるチカラ;1」 池田まき子著 岩崎書店 2010年4月【学習支援本】

「宇宙環境動物のしごと：人気の職業早わかり!」 PHP研究所編 PHP研究所 2010年12月【学習支援本】

「樹木ハカセになろう」 石井誠治著 岩波書店（岩波ジュニア新書） 2011年3月【学習支援本】

「わたしは樹木のお医者さん：木々の声を聞きとります」 石井誠治著 くもん出版 2016年3月【学習支援本】

「おおふじひっこし大作戦―たくさんのふしぎ傑作集」 塚本こなみ文;一ノ関圭絵 福音館書店 2016年4月【学習支援本】

▶ お仕事の様子をお話で読むには

「さくらのカルテ」 中澤晶子作;ささめやゆき絵 汐文社 2018年4月【児童文学】

「樹木医補の診療録：桜の下にきみを送る」 夕映月子著 集英社（集英社オレンジ文庫）

2016年3月【ライトノベル・ライト文芸】

「さくら花店毒物図鑑 [2]」 宮野美嘉著 小学館（小学館文庫キャラブン!） 2018年9月【ライトノベル・ライト文芸】

「パラサイトグリーン：ある樹木医の記録」 有間カオル著 二見書房（二見ホラー×ミステリ文庫） 2021年8月【ライトノベル・ライト文芸】

植木屋

庭や公園、街の緑をきれいにする仕事で、木や植物を植えたり、手入れをしたり、剪定と呼ばれる枝の切り方をして、木や植物が健康に育つように

お手伝いします。例えば、庭に木を植えて、お客様の家の外観を美しくしたり、公園や街路樹の枝を切って、木が元気に育つようにしたりします。また、季節ごとに花や植物を植え替えたり、枯れた部分を取り除いて、植物が元気に育つ環境を作ったりします。植木屋の仕事は、自然を大切にしながら、人々に美しい景色や緑を提供する、大切で楽しい仕事です。

▶ お仕事について詳しく知るには

「新13歳のハローワーク」 村上龍著;はまのゆか絵 幻冬舎 2010年3月【学習支援本】

「宇宙環境動物のしごと：人気の職業早わかり!」 PHP研究所編 PHP研究所 2010年12月【学習支援本】

「桜守のはなし」 佐野藤右衛門作 講談社 2012年3月【学習支援本】

「ポプラディアプラス仕事・職業 = POPLAR ENCYCLOPEDIA PLUS Career Guide 1」 藤田晃之監修 ポプラ社 2018年4月【学習支援本】

「名人はっけん!まちたんけん 5」 鎌田和宏監修 学研プラス 2019年2月【学習支援本】

庭師、造園家

庭や公園、景観を美しく作る仕事で、庭や公園のデザインを考え、どんな木や花をどこに植えるかを決めます。自然の美しさを生かしながら、使いやすい空間を作り上げることが求められます。庭師は、土の状態をよく調べて、どんな植物が育ちやすいかを考えます。木や花を植えたり、池を作ったり、道やベンチを置いたりして、人々がくつろげる場所を作ります。庭の手入れや管理も大切な仕事で、植物が元気に育つようにお世話をします。自然とふれ合いながら、人々に癒しや美しさを届けることができる、やりがいのある仕事です。

▶ お仕事について詳しく知るには

「新13歳のハローワーク」 村上龍著;はまのゆか絵 幻冬舎 2010年3月【学習支援本】

「調べてみよう!日本の職人伝統のワザ 4（「住」の職人）」 学研教育出版 学研マーケティング（発売） 2011年2月【学習支援本】

「職場体験完全ガイド 28」 ポプラ社 2012年3月【学習支援本】

「水族館の飼育員・盲導犬訓練士・トリマー・庭師」 ポプラ社 2012年3月【学習支援本】

「アニメおさるのジョージつまって、あふれて」 マーガレット・レイ;ハンス・アウグスト・レイ原作;マーシー・ゴールドバーグ・サックス;プリヤ・ギリ・デサイ翻案;ジョー・ファロンテレビアニメ脚本;山北めぐみ訳 金の星社 2012年5月【学習支援本】

「社会科見学に役立つわたしたちのくらしとまちのしごと場 4」 ニシ工芸児童教育研究所編 金の星社 2013年3月【学習支援本】

「日本の伝統文化仕事図鑑 [2]」 ワン・ステップ編 金の星社 2019年2月【学習支援本】

「ザ・裏方：キャリア教育に役立つ! 3」 フレーベル館 2019年3月【学習支援本】

▶ お仕事の様子をお話で読むには

「ちょうちん屋のままッ子—日本の児童文学よみがえる名作」 斎藤隆介作;滝平二郎絵 理論社 2010年2月【児童文学】

「メルストーン館の不思議な窓—Sogen bookland」　ダイアナ・ウィン・ジョーンズ著;原島文世訳　東京創元社　2010年12月【児童文学】

「庭にたねをまこう!」　ジョーン・G・ロビンソン文・絵;こみやゆう訳　岩波書店　2013年3月【児童文学】

「庭師の娘」　ジークリート・ラウベ作;若松宣子訳;中村悦子絵　岩波書店　2013年7月【児童文学】

「時知らずの庭」　小森香折作;植田真絵　BL出版　2017年5月【児童文学】

「花咲くシンデレラ」　真船るのあ著　集英社(コバルト文庫)　2013年3月【ライトノベル・ライト文芸】

「ガーデン・オブ・フェアリーテイル：造園家と緑を枯らす少女」　東堂燦著　集英社(集英社オレンジ文庫)　2018年8月【ライトノベル・ライト文芸】

盆栽職人
（ぼんさいしょくにん）

小さな木や植物を育てて、美しい盆栽を作る仕事です。盆栽は、木や植物を鉢に植えて、まるで自然の風景のように見せるために手入れや工夫をする日本の伝統的な芸術です。盆栽職人は、木を育

てるだけでなく、形や枝の配置を考えながら、時間をかけて育てていきます。また、どの枝を残し、どの枝を切るかを慎重に決めます。鉢に植えた木が元気に育つように、土や水をしっかり管理することも大切です。さらに、季節ごとの変化を楽しめるように工夫し、見た人が「自然の美しさ」を感じられるようにします。

▶お仕事について詳しく知るには

「新13歳のハローワーク」　村上龍著;はまのゆか絵　幻冬舎　2010年3月【学習支援本】

林業従事者

森林の中で木を育てたり、管理したりする仕事です。森の中にはたくさんの木があり、林業従事者は木が健康に育つようにお世話をしたり、木を適切に切ったりします。木を切るときは、無駄に木を減らさないように計画的に行い、木がまた元気に育つようにします。また、林業従事者は、木の伐採だけでなく、森を守るために植樹や土を

守る仕事も行います。木がしっかり育つために、どんな環境が必要かを考え、自然と共に作業を進めます。森林を守りながら、人々の生活に役立つ木を育てる、やりがいのある仕事です。

▶ お仕事について詳しく知るには

「仕事の図鑑：なりたい自分を見つける! 12（未来の地球環境をつくる仕事）」「仕事の図鑑」編集委員会編　あかね書房　2010年3月【学習支援本】

「宇宙環境動物のしごと：人気の職業早わかり!」 PHP研究所編　PHP研究所　2010年12月【学習支援本】

「日本の農林水産業 林業」 小泉光久編著;宮林茂幸監修　鈴木出版　2011年2月【学習支援本】

「日本の森林と林業：森林学習のための教本 第2版」 大日本山林会編　大日本山林会 2012年5月【学習支援本】

「山に肉をとりに行く―ちしきのぽけっと；15」 田口茂男写真・文　岩崎書店　2012年12月【学習支援本】

「森は生きている 新装版―自然と人間」 富山和子作;大庭賢哉絵　講談社（講談社青い鳥文庫） 2012年12月【学習支援本】

「名探偵コナン推理ファイル農業と漁業の謎―小学館学習まんがシリーズ. CONAN COMIC STUDY SERIES」 青山剛昌原作;阿部ゆたかまんが;丸伝次郎まんが;太田弘監修;平良隆久シナリオ　小学館　2012年12月【学習支援本】

「昔のくらしと道具 3（山と海辺のくらしと道具）」 大島建彦監修;大角修文　小峰書店

2014年4月【学習支援本】

「キャリア教育支援ガイドお仕事ナビ 7」 お仕事ナビ編集室著 理論社 2015年10月【学習支援本】

「本当はすごい森の話：林業家からのメッセージ―ちしきのもり」 田中惣次著 少年写真新聞社 2016年12月【学習支援本】

「いちばんわかる!日本の省庁ナビ 5」 出雲明子監修 ポプラ社 2018年4月【学習支援本】

「日本の伝統文化仕事図鑑 [1]」 ワン・ステップ編 金の星社 2019年3月【学習支援本】

「キャリア教育に活きる!仕事ファイル：センパイに聞く 18」 小峰書店編集部編著 小峰書店 2019年4月【学習支援本】

「日本地理データ年鑑 2020」 松田博康監修 小峰書店 2020年3月【学習支援本】

「大きな森のかみさまのおひっこし」 つちやゆみぶん;いながきかおりえ;中島徹監修 三恵社 2020年8月【学習支援本】

「山をつくる：東京チェンソーズの挑戦」 菅聖子文 小峰書店 2020年12月【学習支援本】

「未来をつくる!日本の産業 3」 堀田和彦監修;産業学会監修 ポプラ社 2021年4月【学習支援本】

「家族農業が世界を変える 2」 関根佳恵監修・著 かもがわ出版 2021年12月【学習支援本】

▶ お仕事の様子をお話で読むには

「木工少女」 濱野京子著 講談社 2011年3月【児童文学】

「じいじいの森サキの森お母さんの森」 かすやけんいち著 コスモの本 2011年4月【児童文学】

植物学者

植物のことを研究する専門家です。植物がどうやって育つのか、どんな環境で元気に育つのか、また植物の種類や特徴について詳しく調べます。野外で植物を観察したり、実験室で植物の実験をしたりします。植物がどのように繁殖

するのか、またどんな栄養が必要かを調べることも重要です。絶滅の危機にある植物を守るための方法を考えたり、新しい薬や食べものを作るために植物を研究したりすることもあります。植物学者は、植物が私たちの生活にどれだけ大切かを理解し、植物を守るためにどんなことができるかを考えています。

▶ お仕事について詳しく知るには

「宇宙環境動物のしごと：人気の職業早わかり!」 PHP研究所編 PHP研究所 2010年12月【学習支援本】

「「桜ノ博士」三好学物語」 吉田健二著;岐阜県恵那市三好学博士生誕150年記念事業実行委員会企画・監修 PHP研究所 2012年3月【学習支援本】

「牧野富太郎：日本植物学の父」 清水洋美文;里見和彦絵 汐文社（はじめて読む科学者の伝記） 2020年7月【学習支援本】

▶ お仕事の様子をお話で読むには

「青のなかの青：アンナ・アトキンスと世界で最初の青い写真集─評論社の児童図書館・絵本の部屋」 フィオナ・ロビンソンさく;せなあいこやく 評論社 2021年3月【絵本】

植物採集家

さまざまな場所で植物を集める仕事で、野生の植物や珍しい植物を見つけて、標本として保存します。植物を集めることで、植物の種類や特徴を調べたり、新しい植物を発見したりすることができます。どの植物がどんな場所に生えているのか、季節によってどんな植物が見られるのかを調べることもあります。これにより、植物の生態や成長のしくみ、また地球環境の変化を知ることができます。植物採集家の仕事は、植物のことを深く理解し、自然の中で新しい発見をすることができる、とても興味深い仕事です。

植物療法士

植物の力を使って人々の体や心を元気にする仕事です。例えば、ハーブや花を使って、リラックスしたり、体調を整えたりする方法を提供します。植物には、ストレスを減らしたり、体の調子を良くしたりする力があると考えられており、植物療法士はそれを上手に活用します。例えば、ラベンダーの香りでリラックスしたり、カモミールのお茶で気持ちを落ち着けたりします。植物療法士は、病気の予防や回復を手助けすることができる、自然と人々の健康をつなげる大切な仕事です。

染色家

布や糸に色をつける仕事をしている人です。色をつける方法には、植物や自然の染料を使ったりします。染色家は、布に美しい色をつけるために、どの染料を使うか、どんな方法で染めるかを工夫します。染める布によって、色の出方や見え方が変わるため、細かい技術や経験が必要です。単に色をつけるだけでなく、色の組み合わせを考えたり、デザインを考えたりすることも大切です。また、色が長持ちするように工夫したり、染めた布を使って衣服やアクセサリー、インテリアなどを作ったりすることもあります。

▶ お仕事について詳しく知るには

「職場体験完全ガイド12」 ポプラ社 2010年3月【学習支援本】

「ファッション建築ITのしごと：人気の職業早わかり!」 PHP研究所編 PHP研究所 2011年2月【学習支援本】

「外国人が教えてくれた!私が感動したニッポンの文化：子どもたちに伝えたい!仕事に学んだ日本の心. 第2巻 (こんなに美しい・おいしいなんて!高みをめざす職人の巧み)」 ロバートキャンベル監修 日本図書センター 2015年1月【学習支援本】

「めざせ!世界にはばたく若き職人 2」 こどもくらぶ編 WAVE出版 2015年3月【学習支援本】

「早わかりOh!仕事」 日本出版制作センター 2018年6月【学習支援本】

「よみがえった奇跡の紅型」 中川なをみ著 あすなろ書房 2019年11月【学習支援本】

▶ お仕事の様子をお話で読むには

「軽井沢花野荘スローライフ：貴方への手作りウエディング」 葵居ゆゆ著 KADOKAWA（富士見L文庫） 2018年11月【ライトノベル・ライト文芸】

植物園、植物公園

さまざまな種類の植物を集めて、育てたり展示したりする場所です。そこで働く人たちは、植物を育てるためのお世話をしたり、植物の説明をしたりします。植物園では、珍しい植物や、特定の地域に生えている

る植物などが展示されており、訪れた人たちが自然や植物について学ぶことができます。植物園のスタッフは、植物の手入れをしたり、病気や虫から守るための対策を考えたりします。また、植物をきれいに展示したり、季節ごとに花や実を楽しむことができるように工夫したりします。

▶お仕事について詳しく知るには

「宇宙環境動物のしごと：人気の職業早わかり!」 PHP研究所編　PHP研究所　2010年12月【学習支援本】

「社会科見学に役立つわたしたちのくらしとまちのしごと場 4」 ニシ工芸児童教育研究所編　金の星社　2013年3月【学習支援本】

「ハエトリくんとふしぎな食虫植物のせかい」 木谷美咲作;ありたかずみ絵　VNC　2014年8月【学習支援本】

「おおふじひっこし大作戦—たくさんのふしぎ傑作集」 塚本こなみ文;一ノ関圭絵　福音館書店　2016年4月【学習支援本】

▶お仕事の様子をお話で読むには

「ぼくらは夜にしか会わなかった」 市川拓司著　祥伝社（祥伝社文庫）　2014年7月【ライトノベル・ライト文芸】

「うちの執事に願ったならば 4」 高里椎奈著　KADOKAWA（角川文庫）　2018年4月【ライトノベル・ライト文芸】

「京都西陣なごみ植物店 3」 仲町六絵著　PHP研究所（PHP文芸文庫）　2018年11月【ライトノベル・ライト文芸】

「祭火小夜の再会」 秋竹サラダ著　KADOKAWA（角川ホラー文庫）　2020年7月【ライトノベル・ライト文芸】

「青い花の下には秘密が埋まっている：四季島植物園のしずかな事件簿」 有間カオル著　宝島社（宝島社文庫）　2020年8月【ライトノベル・ライト文芸】

農家

野菜や果物、穀物などの農作物を畑や田んぼで育てる仕事です。作物が元気に育つように、土を耕したり、水をやったり、虫から守ったりします。また、季節ごとにどんな作物が育つかを考えながら、計画的に作物を栽培します。農家の仕事は、作物を育てるだけでなく、収穫したものを市場やお店に届ける仕事もあります。野菜や果物が新鮮なうちに出荷し、人々の食卓に届くようにしています。また、農家は天候や環境の変化に影響を受けるため、毎日の努力が必要です。

▶ **お仕事について詳しく知るには**

「感動する仕事!泣ける仕事!：お仕事熱血ストーリー3(使命感を持って自然と向き合う)」学研教育出版　2010年2月【学習支援本】

「仕事ってなんだろう?」　大原興三郎著　講談社　2010年3月【学習支援本】

「職場体験完全ガイド16」　ポプラ社　2010年3月【学習支援本】

「日本の農業2」　荒木均監修　岩崎書店　2010年3月【学習支援本】

「100円からできる国際協力3(大地を守る)」　100円からできる国際協力編集委員会編　汐文社　2010年4月【学習支援本】

「日本の農業1」　岩崎書店　2010年4月【学習支援本】

「日本の農業3」　岩崎書店　2010年4月【学習支援本】

「日本の農業4」　岩崎書店　2010年4月【学習支援本】

「日本の農業6」　岩崎書店　2010年4月【学習支援本】

「農は過去と未来をつなぐ：田んぼから考えたこと」　宇根豊著　岩崎書店(岩波ジュニア新書)　2010年8月【学習支援本】

「農業がわかると、社会のしくみが見えてくる：高校生からの食と農の経済学入門」　生源寺眞一著　家の光協会　2010年10月【学習支援本】

「農作業の絵本 1―そだててあそぼう；96」　農山漁村文化協会　2010年11月【学習支援本】

「日本の農林水産業 農業1(米と野菜)」　小泉光久編;後藤逸男監修　鈴木出版　2010年12

月【学習支援本】

「日本の農林水産業 農業 2」 小泉光久編 鈴木出版 2011年2月【学習支援本】

「行ってみよう!社会科見学 : 写真とイラストでよくわかる! 4 (農家・スーパーマーケット)」 国土社編集部編 国土社 2011年3月【学習支援本】

「池上彰のニュースに登場する世界の環境問題 9 (公害)」 稲葉茂勝訳・文;キャサリン・チャンバーズ原著;池上彰監修 さ・え・ら書房 2011年4月【学習支援本】

「耕地整理の父福田久治—ルーラルブックス」 安藤由貴子文;沼本正義絵 久米南町偉人顕彰会 2011年6月【学習支援本】

「調べる!47都道府県 : 生産と消費で見る日本」 こどもくらぶ編 同友館 2011年6月【学習支援本】

「日本(にっぽん)のもと 米」 服部幸應監修 講談社 2011年9月【学習支援本】

「農業者になるには—なるにはbooks ; 46」 佐藤亮子編著 ぺりかん社 2011年11月【学習支援本】

「シリーズはたらく農業機械 1」 こどもくらぶ編;高井宗宏監修 農山漁村文化協会 2011年12月【学習支援本】

「シリーズはたらく農業機械 2」 こどもくらぶ編;高井宗宏監修 農山漁村文化協会 2012年1月【学習支援本】

「シリーズはたらく農業機械 3」 こどもくらぶ編;高井宗宏監修 農山漁村文化協会 2012年3月【学習支援本】

「シリーズはたらく農業機械 4」 こどもくらぶ編;高井宗宏監修 農山漁村文化協会 2012年3月【学習支援本】

「シリーズはたらく農業機械 5」 こどもくらぶ編;高井宗宏監修 農山漁村文化協会 2012年3月【学習支援本】

「調べよう!日本の自然と人びとのくらし 第3巻 (平地のくらし)」 井田仁康監修 岩崎書店 2012年4月【学習支援本】

「調べよう!日本の自然と人びとのくらし 第6巻 (雪国のくらし)」 井田仁康監修 岩崎書店 2012年4月【学習支援本】

「平さんの天空の棚田—写真絵本・祝島のゆるがぬ暮らし ; 第1集」 那須圭子写真・文 みずのわ出版 2012年8月【学習支援本】

「トマトとともに : 野菜農家若梅健司—農家になろう ; 4」 依田恭司郎写真;農文協編 農山漁村文化協会 2012年10月【学習支援本】

「イネとともに : 水田農家佐藤次幸—農家になろう ; 3」 倉持正実写真;農文協編 農山漁村文化協会 2012年12月【学習支援本】

「リンゴとともに : 果樹農家臼田弌彦—農家になろう ; 5」 石井和彦写真;農文協編 農山漁村文化協会 2012年12月【学習支援本】

「山に肉をとりに行く—ちしきのぽけっと ; 15」 田口茂男写真・文 岩崎書店 2012年12月【学習支援本】

「北限の稲作にいどむ : "百万石を夢みた男"中山久蔵物語」　川嶋康男著　農山漁村文化協会　2012年12月【学習支援本】

「名探偵コナン推理ファイル農業と漁業の謎―小学館学習まんがシリーズ. CONAN COMIC STUDY SERIES」　青山剛昌原作;阿部ゆたかまんが;丸伝次郎まんが;太田弘監修;平良隆久シナリオ　小学館　2012年12月【学習支援本】

「語りつぎお話絵本3月11日 8 (ふるさとをとりもどす!)」　WILLこども知育研究所編　学研教育出版　2013年2月【学習支援本】

「社会科見学に役立つわたしたちのくらしとまちのしごと場 2」　ニシ工芸児童教育研究所編　金の星社　2013年2月【学習支援本】

「農業と人間 : ビジュアル大事典」　農林水産省農林水産技術会議事務局監修;西尾敏彦編　農山漁村文化協会　2013年3月【学習支援本】

「調べる!47都道府県 : 生産と消費で見る日本 2013年改訂版」　こどもくらぶ編　同友館　2013年6月【学習支援本】

「はたらく車のしくみ・はたらき・できるまで 4 (くらしをささえる車)」　こどもくらぶ編・著　岩崎書店　2013年12月【学習支援本】

「世界のともだち 01」　長倉洋海写真　偕成社　2013年12月【学習支援本】

「未来をつくるこれからのエコ企業 3 (安全な水を届ける自転車一体型浄水器)」　孫奈美編著　汐文社　2013年12月【学習支援本】

「せんそうってなんだったの? : 語りつぎお話絵本 第2期2」　田代脩監修　学研教育出版　2014年2月【学習支援本】

「イラストと地図からみつける!日本の産業・自然 第1巻 (米・野菜・果物・工芸作物)」　青山邦彦絵　帝国書院　2014年3月【学習支援本】

「ビジュアル・日本の製品シェア図鑑 4」　こどもくらぶ編　WAVE出版　2014年3月【学習支援本】

「データと地図で見る日本の産業 1」　石谷孝佑監修　ポプラ社　2014年4月【学習支援本】

「データと地図で見る日本の産業 2」　石谷孝佑監修　ポプラ社　2014年4月【学習支援本】

「昔のくらしと道具 1 (農家の仕事と道具)」　大島建彦監修;大角修文　小峰書店　2014年4月【学習支援本】

「昔のくらしと道具 2 (農家のくらしと道具)」　大島建彦監修;大角修文　小峰書店　2014年4月【学習支援本】

「21歳男子、過疎の山村に住むことにしました」　水柿大地著　岩波書店(岩波ジュニア新書)　2014年5月【学習支援本】

「農業者という生き方―発見!しごと偉人伝」　藤井久子著　ぺりかん社　2014年9月【学習支援本】

「すがたをかえるたべものしゃしんえほん 7 (お茶ができるまで)」　宮崎祥子構成・文;白松清之写真　岩崎書店　2014年11月【学習支援本】

「りんごみのった―しぜんにタッチ!」　長内敬明著・監修;菅原光二写真　ひさかたチャイル

ド　2014年11月【学習支援本】

「牧場・農場で働く人たち：しごとの現場としくみがわかる!―しごと場見学!」　大浦佳代著　ぺりかん社　2014年12月【学習支援本】

「チャとともに：茶農家村松二六―農家になろう；7」　瀬戸山玄写真　農山漁村文化協会　2015年1月【学習支援本】

「日本の祭り大図鑑：みたい!しりたい!しらべたい! 3（豊作・豊漁を願い感謝する祭り）」　松尾恒一監修・著　ミネルヴァ書房　2015年1月【学習支援本】

「シイタケとともに：きのこ農家中本清治―農家になろう；8」　大西暢夫写真　農山漁村文化協会　2015年2月【学習支援本】

「ジャガイモとともに：畑作農家中藪俊秀―農家になろう；9」　小椋哲也写真　農山漁村文化協会　2015年2月【学習支援本】

「タトゥとパトゥのへんてこアルバイト：12のアルバイト体験一挙大公開!」　アイノ・ハブカイネン作;サミ・トイボネン作;いながきみはる訳　猫の言葉社　2015年3月【学習支援本】

「絵本版おはなし日本の歴史 14」　金子邦秀監修　岩崎書店　2015年3月【学習支援本】

「調べて育てて食べよう!米なんでも図鑑 1」　松本美和著　金の星社　2015年3月【学習支援本】

「日本の米づくり 1」　根本博著　岩崎書店　2015年3月【学習支援本】

「日本の米づくり 2」　根本博著・編集　岩崎書店　2015年3月【学習支援本】

「日本の米づくり 3」　常松浩史著;根本博監修　岩崎書店　2015年3月【学習支援本】

「さがしてみよう!まちのしごと 4（農家・工場のしごと）」　饗庭伸監修　小峰書店　2015年4月【学習支援本】

「あきらめないことにしたの」　堀米薫作　新日本出版社　2015年6月【学習支援本】

「未来へつなぐ食のバトン：映画『100年ごはん』が伝える農業のいま」　大林千茱萸著　筑摩書房（ちくまプリマー新書）　2015年6月【学習支援本】

「お米ができるまで」　岩貞るみこ作　講談社　2015年7月【学習支援本】

「化学のひみつ―学研まんがでよくわかるシリーズ；104」　おがたたかはる漫画;橘悠紀構成　学研パブリッシングコンテンツ事業推進部グローバルCB事業室　2015年9月【学習支援本】

「キャリア教育支援ガイドお仕事ナビ 7」　お仕事ナビ編集室著　理論社　2015年10月【学習支援本】

「ふわりとチャバ：茶草場の四季ものがたり」　永田萌文・絵　中日新聞社　2015年12月【学習支援本】

「職場体験学習に行ってきました。：中学生が本物の「仕事」をやってみた! 14」　全国中学校進路指導・キャリア教育連絡協議会監修　学研プラス　2016年2月【学習支援本】

「田んぼのコレクション―ふしぎコレクション；9」　内山りゅう写真・文　フレーベル館　2016年2月【学習支援本】

「社会の?を探検：はじめてのアクティブ・ラーニング みんなのまち」 小宮山博仁著;中山成子絵 童心社 2016年3月【学習支援本】

「よくわかる米の事典 1」 稲垣栄洋監修;谷本雄治指導 小峰書店 2016年4月【学習支援本】

「よくわかる米の事典 2」 稲垣栄洋監修;谷本雄治指導 小峰書店 2016年4月【学習支援本】

「よくわかる米の事典 3」 稲垣栄洋監修;谷本雄治指導 小峰書店 2016年4月【学習支援本】

「よくわかる米の事典 4」 稲垣栄洋監修;谷本雄治指導 小峰書店 2016年4月【学習支援本】

「ミャンマーで米、ひとめぼれを作る―世界のあちこちでニッポン」 橋本玲写真・文 理論社 2017年2月【学習支援本】

「米のプロに聞く!米づくりのひみつ 1」 鎌田和宏監修 学研プラス 2017年2月【学習支援本】

「米のプロに聞く!米づくりのひみつ 2」 鎌田和宏監修 学研プラス 2017年2月【学習支援本】

「米のプロに聞く!米づくりのひみつ 3」 鎌田和宏監修 学研プラス 2017年2月【学習支援本】

「黄門さまの社会科クイズ 2」 国土社編集部編 国土社 2017年3月【学習支援本】

「キャリア教育に活きる!仕事ファイル：センパイに聞く 5」 小峰書店編集部編著 小峰書店 2017年4月【学習支援本】

「田んぼに畑に笑顔がいっぱい：喜多方市小学校農業科の挑戦―感動ノンフィクションシリーズ」 浜田尚子文 佼成出版社 2017年4月【学習支援本】

「日本一小さな農業高校の学校づくり：愛農高校、校舎たてかえ顛末記」 品田茂著 岩波書店(岩波ジュニア新書) 2017年4月【学習支援本】

「調べる!47都道府県：生産と消費で見る日本 2017年改訂版」 こどもくらぶ編 同友館 2017年8月【学習支援本】

「「負けてられねぇ」と今日も畑に：家族とともに土と生きる」 豊田直巳写真・文 農山漁村文化協会(それでも「ふるさと」) 2018年2月【学習支援本】

「子どもに伝えたい和の技術 7」 和の技術を知る会著 文溪堂 2018年3月【学習支援本】

「NHKプロフェッショナル仕事の流儀 6」 NHK「プロフェッショナル」制作班編 ポプラ社 2018年4月【学習支援本】

「農業がわかると、社会のしくみが見えてくる：高校生からの食と農の経済学入門 新版」 生源寺眞一著 家の光協会 2018年4月【学習支援本】

「科学がひらくスマート農業・漁業 1」 小泉光久著;大谷隆二監修;寺坂安里絵 大月書店 2018年9月【学習支援本】

「お米のこれからを考える 1」 「お米のこれからを考える」編集室著 理論社 2018年10月【学習支援本】

「お米のこれからを考える 2」「お米のこれからを考える」編集室著　理論社　2018年10月【学習支援本】

「お米のこれからを考える 3」「お米のこれからを考える」編集室著　理論社　2018年10月【学習支援本】

「世界にはばたけ!明日の農業・未来の漁業 1」　教育画劇　2019年2月【学習支援本】

「名人はっけん!まちたんけん 5」　鎌田和宏監修　学研プラス　2019年2月【学習支援本】

「世界にはばたけ!明日の農業・未来の漁業 2」　山本美佳執筆;オフィス303執筆　教育画劇　2019年4月【学習支援本】

「日本人を生きる!:百姓侍が日本をつくった! 百姓サムライ武士道こども・家族編」　馳谷学著;巌城勤喜著　幻冬舎メディアコンサルティング　2019年8月【学習支援本】

「調べて、書こう!教科書に出てくる仕事のくふう、見つけたよ 3」『仕事のくふう、見つけたよ』編集委員会編著　汐文社　2020年3月【学習支援本】

「イネ・米・ごはん大百科 1」　辻井良政監修;佐々木卓治監修　ポプラ社　2020年4月【学習支援本】

「イネ・米・ごはん大百科 2」　辻井良政監修;佐々木卓治監修　ポプラ社　2020年4月【学習支援本】

「イネ・米・ごはん大百科 4」　辻井良政監修;佐々木卓治監修　ポプラ社　2020年4月【学習支援本】

「イネ・米・ごはん大百科 5」　辻井良政監修;佐々木卓治監修　ポプラ社　2020年4月【学習支援本】

「イネ・米・ごはん大百科 6」　辻井良政監修;佐々木卓治監修　ポプラ社　2020年4月【学習支援本】

「調べてまとめる!仕事のくふう 2」　岡田博元監修　ポプラ社　2020年4月【学習支援本】

「人と自然にやさしい米づくり」　佐野正幸絵・文　海鳥社　2020年7月【学習支援本】

「再生可能エネルギー図鑑—未来をつくる仕事がここにある」　Looop監修;青山邦彦絵;日経BPコンサルティング編集　日経BP　2020年8月【学習支援本】

「おしえて!ジャンボくん新型コロナウイルス 3」　上田勢子訳;呉本慶子日本語版監修　子どもの未来社　2020年9月【学習支援本】

「お米をつくろう!バケツで育てる田んぼで育てる」　山口誠之監修　岩崎書店(調べる学習百科)　2020年9月【学習支援本】

「万葉と令和をつなぐアキアカネ—ノンフィクション・生きるチカラ」　山口進写真・文　岩崎書店　2020年9月【学習支援本】

「13歳からの食と農:家族農業が世界を変える」　関根佳恵著　かもがわ出版　2020年11月【学習支援本】

「うねゆたかの田んぼの絵本 1」　宇根豊作;小林敏也絵　農山漁村文化協会　2020年12月【学習支援本】

「うねゆたかの田んぼの絵本 2」 宇根豊作;小林敏也絵　農山漁村文化協会　2020年12月【学習支援本】

「渋沢栄一：近代日本の経済を築いた情熱の人」 芝田勝茂文;山本祥子画　あかね書房（伝記を読もう）　2020年12月【学習支援本】

「渋沢栄一伝：日本の未来を変えた男」 小前亮作　小峰書店　2020年12月【学習支援本】

「うねゆたかの田んぼの絵本 3」 宇根豊作;小林敏也絵　農山漁村文化協会　2021年2月【学習支援本】

「うねゆたかの田んぼの絵本 4」 宇根豊作;小林敏也絵　農山漁村文化協会　2021年3月【学習支援本】

「うねゆたかの田んぼの絵本 5」 宇根豊作;小林敏也絵　農山漁村文化協会　2021年3月【学習支援本】

「未来をつくる!日本の産業 2」 堀田和彦監修;産業学会監修　ポプラ社　2021年4月【学習支援本】

「おいしく安心な食と農業 [2]」 小泉光久制作・文　文研出版　2021年10月【学習支援本】

「仕事の歴史図鑑：今まで続いてきたひみつを探る 2」 本郷和人監修　くもん出版　2021年12月【学習支援本】

··

▶ お仕事の様子をお話で読むには

「チョコレートと青い空―ホップステップキッズ!;18」 堀米薫作;小泉るみ子絵　そうえん社　2011年4月【児童文学】

「スウィング!」 横沢彰作;五十嵐大介絵　童心社　2011年11月【児童文学】

「イチゴがいっぱい―わくわくえどうわ」 竹内もと代作;小泉るみ子絵　文研出版　2012年1月【児童文学】

「しんせつななかし」 ウェンディ・イートン作;おびかゆうこ訳;篠崎三朗絵　福音館書店（ランドセルブックス）　2012年1月【児童文学】

「山の子みや子」 石井和代著　てらいんく　2012年5月【児童文学】

「かかしのトーマス」 オトフリート・プロイスラー作;ヘルベルト・ホルツィング絵;吉田孝夫訳　さ・え・ら書房　2012年9月【児童文学】

「ライ麦をたべたろばのロバート」 林原玉枝作;さとうあや絵　冨山房インターナショナル　2012年11月【児童文学】

「有松の庄九郎」 中川なをみ作;こしだミカ絵　新日本出版社　2012年11月【児童文学】

「わけありリンゴのアップルパイ」 あさいゆうこ作;あべまれこ絵　BL出版　2013年12月【児童文学】

「沖縄の由来ばなし」 徳元英隆文;安室二三雄絵　沖縄文化社　2014年4月【児童文学】

「プラム・クリークの土手で」 ローラ・インガルス・ワイルダー作;中村凪子訳;椎名優絵

KADOKAWA（角川つばさ文庫） 2014年6月【児童文学】

「金色のキャベツ―ホップステップキッズ！；25」 堀米薫作;佐藤真紀子絵　そうえん社
2014年12月【児童文学】

「雪ばじょ：創作民話：おはなしと「音楽づくり」」 植村紀子作;中村ますみ音楽　南方新社
2016年11月【児童文学】

「母ちゃんと小さなお百姓さん」 古田秀雄著　北陸児童文学協会（つのぶえ文庫）　2018年
1月【児童文学】

「いたずらカー助」 濱昌宏著　文芸社　2018年8月【児童文学】

「富士の農鳥さま」 こばやしひろみ作;さかきみつお絵　文芸社　2018年8月【児童文学】

「さくらんぼ君の観察絵日記：さくらんぼの故郷からの便り」 粟野省三文;清野駿之介絵
文芸社　2020年2月【児童文学】

「イワンの馬鹿」 レフ・トルストイ作;ハンス・フィッシャー絵;小宮由訳　KTC中央出版
2020年10月【児童文学】

「のうりん」 白鳥士郎著　ソフトバンククリエイティブ（GA文庫）　2011年8月【ライトノベ
ル・ライト文芸】

「のうりん 2」 白鳥士郎著　ソフトバンククリエイティブ（GA文庫）　2011年11月【ライト
ノベル・ライト文芸】

「のうりん 3」 白鳥士郎著　ソフトバンククリエイティブ（GA文庫）　2012年3月【ライトノ
ベル・ライト文芸】

「のうりん 4」 白鳥士郎著　ソフトバンククリエイティブ（GA文庫）　2012年8月【ライトノ
ベル・ライト文芸】

「のうりん 5」 白鳥士郎著　ソフトバンククリエイティブ（GA文庫）　2012年12月【ライト
ノベル・ライト文芸】

「のうりん 6」 白鳥士郎著　ソフトバンククリエイティブ（GA文庫）　2013年4月【ライト
ノベル・ライト文芸】

「のうりん 8 ドラマCD付き限定特装版」 白鳥士郎著　SBクリエイティブ（GA文庫）　2014
年1月【ライトノベル・ライト文芸】

「のうりん 9」 白鳥士郎著　SBクリエイティブ（GA文庫）　2014年7月【ライトノベル・ラ
イト文芸】

「のうりん 10」 白鳥士郎著　SBクリエイティブ（GA文庫）　2015年3月【ライトノベル・ラ
イト文芸】

「のうりん 11」 白鳥士郎著　SBクリエイティブ（GA文庫）　2015年9月【ライトノベル・ラ
イト文芸】

「のうりん 12」 白鳥士郎著　SBクリエイティブ（GA文庫）　2016年3月【ライトノベル・ラ
イト文芸】

「のうりん 13」 白鳥士郎著　SBクリエイティブ（GA文庫）　2016年10月【ライトノベル・
ライト文芸】

「はたらく魔王さま!SP」 和ケ原聡司著　KADOKAWA（電撃文庫）　2018年6月【ライトノベル・ライト文芸】

「おいしい野菜が食べたい!」 黒野伸一著　徳間書店（徳間文庫）　2019年6月【ライトノベル・ライト文芸】

「神様の薬草園：かまいたちの傷薬」 松浦著　KADOKAWA（富士見L文庫）　2019年6月【ライトノベル・ライト文芸】

「野菜ソムリエ農家の赤井さん」 浜野稚子著　マイナビ出版（ファン文庫）　2020年2月【ライトノベル・ライト文芸】

農業技術者

農業をもっと効率よく、そして健康的に行うための技術を提供する仕事です。農業技術者は、作物を育てるためにどんな方法や機械を使うと良いかを考えたり、新しい技術を使って農業の生産性を高めたりします。また、

環境にやさしい方法で作物を育てるための工夫をすることも大切です。例えば、どんな土が作物に合うか、どのように水や肥料を使うと最適かを研究したり、農作物が病気にならないように対策を考えたりします。また、機械を使って作業を効率よく進めたり、収穫した作物を傷つけずに運ぶ方法を考えたりすることもあります。

▶お仕事について詳しく知るには

「農業者になるには―なるにはbooks；46」 佐藤亮子編著　ぺりかん社　2011年11月【学習支援本】

「農業者という生き方―発見!しごと偉人伝」 藤井久子著　ぺりかん社　2014年9月【学習支援本】

「農業の発明発見物語 1（米の物語）」 小泉光久著;堀江篤史絵　大月書店　2015年6月【学習支援本】

「農業の発明発見物語 2」　小泉光久著;堀江篤史絵　大月書店　2015年8月【学習支援本】

「未来をつくる!日本の産業 1(農業 上)」　堀田和彦監修;産業学会監修　ポプラ社　2021年4月【学習支援本】

農業機械機器製造

農業で使う機械や道具を作る仕事です。農家の人たちが効率よく作物を育てたり収穫したりできるように、トラクターや耕うん機、収穫機など、さまざまな機械を設計・製造します。これらの機械は、土を耕したり、肥料をまいたり、作物を収穫したりするのに役立ちます。農業機械機器製造の仕事では、機械が安全で使いやすく、丈夫に作られていることが大切です。また、どんな農作業が多いかを考え、その作業を効率よく行うために必要な機能を考えながら設計します。さらに、環境にも配慮した機械づくりが求められます。

▶お仕事について詳しく知るには

「シリーズはたらく農業機械 1」　こどもくらぶ編;高井宗宏監修　農山漁村文化協会　2011年12月【学習支援本】

「シリーズはたらく農業機械 2」　こどもくらぶ編;高井宗宏監修　農山漁村文化協会　2012年1月【学習支援本】

「シリーズはたらく農業機械 4」　こどもくらぶ編;高井宗宏監修　農山漁村文化協会　2012年3月【学習支援本】

「シリーズはたらく農業機械 5」　こどもくらぶ編;高井宗宏監修　農山漁村文化協会　2012年3月【学習支援本】

「米のプロに聞く!米づくりのひみつ 1」　鎌田和宏監修　学研プラス　2017年2月【学習支援本】

「イネの大百科」　堀江武編　農山漁村文化協会(まるごと探究!世界の作物)　2018年4月【学習支援本】

「世界にはばたけ!明日の農業・未来の漁業 1　教育画劇　2019年2月【学習支援本】

「イネ・米・ごはん大百科 2」　辻井良政監修;佐々木卓治監修　ポプラ社　2020年4月【学習支援本】

種苗会社社員

野菜や花、果物などの種や苗を作る仕事です。種苗会社は、良い品質の種や苗を育て、農家や園芸店、家庭菜園をする人たちに提供します。どんな種類の植物が育ちやすいか、どんな環境で育てると良いかを研究したり、新しい品種を作ったりします。また、苗や種が健康に育つように管理したり、病気や虫に強い品種を作ったりすることも重要な仕事です。種苗会社の仕事は、農業や園芸を支える大切な役割を担っており、新しい作物や美しい花を育てるために欠かせない仕事です。

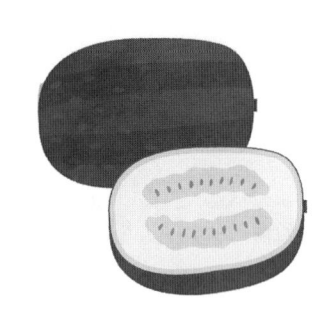

▶お仕事について詳しく知るには

「宇宙環境動物のしごと：人気の職業早わかり!」 PHP研究所編　PHP研究所　2010年12月【学習支援本】

「お米の大研究：イネの生態から文化とのかかわりまで―楽しい調べ学習シリーズ」 丸山清明監修　PHP研究所　2015年12月【学習支援本】

「米のプロに聞く!米づくりのひみつ 1」 鎌田和宏監修　学研プラス　2017年2月【学習支援本】

「バイオ技術者・研究者になるには―なるにはBOOKS」 堀川晃菜著　ぺりかん社　2018年8月【学習支援本】

「お米のこれからを考える 3」「お米のこれからを考える」編集室著　理論社　2018年10月【学習支援本】

「ドラえもん探究ワールド食料とおいしさの未来―ビッグ・コロタン；196」 藤子・F・不二雄まんが;藤子プロ監修;農研機構監修　小学館　2021年9月【学習支援本】

農協

農家をサポートする団体です。農協の職員は、農家がより良い作物を育てるため手助けをしたり、農作物を市場に販売するお手伝いをしたりします。例えば、農薬や肥料、種などを農家に提供したり、収穫した作物を買い取って、スーパーや市場に出荷したりする仕事もあります。ま

た、農家が困ったときに助ける役割も担っています。例えば、天候の影響で作物が育たなかったときに支援したり、農家同士が情報を交換できる場所を提供したりします。農協は、農家のくらしを支え、地域の農業を元気にする大切な組織です。

▶ お仕事について詳しく知るには

「農業者になるには―なるにはbooks；46」 佐藤亮子編著　ぺりかん社　2011年11月【学習支援本】

「米のプロに聞く！米づくりのひみつ 1」 鎌田和宏監修　学研プラス　2017年2月【学習支援本】

「イネの大百科」 堀江武編　農山漁村文化協会（まるごと探究！世界の作物）　2018年4月【学習支援本】

「イネ・米・ごはん大百科 2」 辻井良政監修;佐々木卓治監修　ポプラ社　2020年4月【学習支援本】

「イネ・米・ごはん大百科 3」 辻井良政監修;佐々木卓治監修　ポプラ社　2020年4月【学習支援本】

「未来をつくる！日本の産業 1（農業 上）」 堀田和彦監修;産業学会監修　ポプラ社　2021年4月【学習支援本】

農林水産省

日本の農業、林業、漁業を守り、発展させ
るための仕事をしている政府の組織です。
農林水産省の職員は、農作物や魚、木を育
てる方法や、自然を守るための政策を考え
ます。また、食べものが安全に届けられる
ように、農産物や水産物の品質をチェック

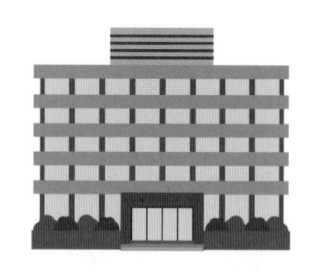

する役割もあります。さらに、農家や漁師、森林を管理する人たちが、
より良い仕事ができるようにサポートします。例えば、農作物が病気や
虫の被害に遭わないように対策を考えたり、森林を守るための計画を立
てたりします。また、環境保護や持続可能な資源の利用にも取り組んで
います。

▶ **お仕事について詳しく知るには**

「日本の農林水産業 水産業」 小泉光久編;大日本水産会監修 鈴木出版 2011年3月【学習
支援本】

「日本の農林水産業 農林水産業の未来」 小泉光久編;白石正彦監修 鈴木出版 2011年3月
【学習支援本】

「政治のしくみを知るための日本の府省しごと事典5」 森田朗監修;こどもくらぶ編 岩崎
書店 2018年3月【学習支援本】

「いちばんわかる！日本の省庁ナビ5」 出雲明子監修 ポプラ社 2018年4月【学習支援本】

農場

野菜や果物、動物などを育てる場所です。農場で働く人たちは、作物を育てたり、動物の世話をしたりする仕事をしています。例えば、野菜の苗を植えて、水やりをしたり、果物の木を育てて、収穫したりします。また、動物を飼っている農場では、牛や豚、鶏などに餌をあげたり、健康をチェックしたりします。収穫の時期には、畑で作物を収穫して市場に出荷したり、動物を育ててお肉や卵を供給したりします。農場の仕事は、食べものを育てる大切な役割を果たしており、農場では、私たちが毎日食べるものがどのように作られているかを学ぶことができます。

▶ お仕事について詳しく知るには

「ハヌカーのあかり―とびだししかけえほん」　マイケル・J・ローゼン文;ロバート・サブダ絵・紙工作;菊池由美訳　大日本絵画　2012年9月【学習支援本】

「えいごでおぼえる101のいきものたち : さがす・みつける・えあわせえほん」　文化学園大学杉並中学・高等学校監修　文化学園文化出版局　2020年11月【学習支援本】

「くらしをべんりにする新・情報化社会の大研究 4」　藤川大祐監修　岩崎書店　2021年3月【学習支援本】

▶ お仕事の様子をお話で読むには

「ピッグル・ウィッグルおばさんの農場」　ベティ・マクドナルド作;小宮由訳　岩波書店（岩波少年文庫）　2011年5月【児童文学】

「おめでたこぶた その3―世界傑作童話シリーズ」　アリソン・アトリー作;すがはらひろくに訳;やまわきゆりこ画　福音館書店　2016年6月【児童文学】

「牧場物語 [2]」　高瀬美恵作;上倉エク絵;はしもとよしふみ監修　KADOKAWA（角川つばさ文庫）　2016年9月【児童文学】

果樹園

りんごやみかん、ぶどうなどの果物を育てる場所です。果樹園で働く人たちは、果物の木を育てて、良い実がなるように手入れをします。木の剪定をしたり、虫や病気から守るための対策を行ったりします。また、果物が実るために、適切な水や肥料を与えたりします。果樹園の仕事では、季節ごとに異なる作業が必要です。春には新しい芽が出るのを見守り、夏には水やりをして、秋には果物を収穫します。果物がおいしく育つために大切な作業で、私たちが食べる果物を作るうえで欠かせない重要な役割を担っています。

▶ お仕事について詳しく知るには

「アジアの小学生. 4 (ベトナムの小学生)」 河添恵子取材・編集・執筆　学研教育出版 学研マーケティング (発売)　2011年2月【学習支援本】

「ご近所のムシがおもしろい!」 谷本雄治著　岩波書店(岩波ジュニア新書)　2012年2月【学習支援本】

「シリーズはたらく農業機械 4」 こどもくらぶ編;高井宗宏監修　農山漁村文化協会　2012年3月【学習支援本】

「リンゴとともに:果樹農家臼田弐彦―農家になろう;5」 石井和彦写真;農文協編　農山漁村文化協会　2012年12月【学習支援本】

「りんごみのった―しぜんにタッチ!」 長内敬明著・監修;菅原光二写真　ひさかたチャイルド　2014年11月【学習支援本】

「名人はっけん!まちたんけん 5」 鎌田和宏監修　学研プラス　2019年2月【学習支援本】

▶ お仕事の様子をお話で読むには

「ポケットパズル」 すぎやまあきら作;やすいけかずや絵　福音館書店　2010年2月【絵本】

「くだものさん―Petit pooka」 tuperatuperaさく　学研教育出版 学研マーケティング (発売)　2010年7月【絵本】

「ピーチズ・卒業」 ジョディ・リン・アンダーソン著;相山夏奏訳　小学館(Super! YA)　2010年3月【児童文学】

「わけありリンゴのアップルパイ」 あさいゆうこ作;あべまれこ絵　BL出版　2013年12月【児童文学】

2

自然に
かかわる仕事

考古学者

昔の人々がどのように暮らしていたかを調べる仕事です。考古学者は、地面を掘ったり、古い遺跡を調べたりして、昔の道具や建物、骨などを見つけ、どんな文化や技術があったのかを明らかにします。例えば、遺跡で見つけた陶器や武器、建物の遺構などを調べて、どの時代のものか、どのように使われていたのかを推測します。そして、過去の人々がどんな生活をしていたのか、

どのように進化してきたのかを解明します。考古学者の仕事は、私たちが今の社会を理解するために、過去の歴史や文化を学ぶ手助けをしています。

▶お仕事について詳しく知るには

「しごとば 続」 鈴木のりたけ作　ブロンズ新社　2010年1月【学習支援本】

「ハワード・カーター：ツタンカーメン王の墓を発見した考古学者―集英社版・学習漫画/世界の伝記next」 西公平漫画;黒沢翔シナリオ;吉村作治監修・解説　集英社　2011年7月【学習支援本】

「バーナムの骨：ティラノサウルスを発見した化石ハンターの物語」 トレイシー・E・ファーン文;ボリス・クリコフ絵;片岡しのぶ訳　光村教育図書　2013年2月【学習支援本】

「世界の発掘現場と冒険家たち：考古学ふしぎ図鑑」 ステファヌ・コンポワン文・写真;青柳正規日本語版監修;野中夏実訳　西村書店東京出版編集部　2013年6月【学習支援本】

「遺跡から調べよう！1（旧石器・縄文時代）」 設楽博己著;たかおかゆみこ絵　童心社　2013年7月【学習支援本】

「遺跡から調べよう！2（弥生時代）」 設楽博己著;たかおかゆみこ絵　童心社　2013年7月【学習支援本】

「宮坂英弌物語：発見!発掘!とがり石の縄文先生―ヒューマンノンフィクション」 山本まさみ文;うめだふじお絵　学研教育出版　2013年8月【学習支援本】

「古代アフリカ：400万年前の人類と消えた王国-巨大大陸の謎を追う―ナショナルジオグラ

「フィック/ 考古学の探検」　ヴィクトリア・シャーロー著;ジェイムズ・デンボー監修;赤尾秀子訳　BL出版　2013年8月【学習支援本】

「古代イラク : 2つの大河とともに栄えたメソポタミア文明—ナショナルジオグラフィック/ 考古学の探検」　ベス・グルーバー著;トニー・ウィルキンソン監修;日暮雅通訳　BL出版　2013年8月【学習支援本】

「古代中国 : 兵士と馬とミイラが語る王朝の栄華—ナショナルジオグラフィック/ 考古学の探検」　ジャクリーン・ボール著;リチャード・リーヴィ著;ロバート・マロウチック監修;中川治子訳　BL出版　2013年12月【学習支援本】

「古代インド : 死者の丘とハラッパーから仏教とヒンドゥーの聖地へ—ナショナルジオグラフィック/ 考古学の探検」　アニタ・ダラル著;モニカ・L/スミス監修;小野田和子訳　BL出版　2014年3月【学習支援本】

「古代マヤ : 密林に開花した神秘の文明の軌跡をたどる—ナショナルジオグラフィック/ 考古学の探検」　ナサニエル・ハリス著;エリザベス・グレアム監修;赤尾秀子訳　BL出版　2014年3月【学習支援本】

「メサ・ヴェルデのひみつ : 古代プエブロ人の岩窟住居—世界遺産◎考古学ミステリー」　ゲイル・フェイ著;六耀社編集部編訳　六耀社　2015年9月【学習支援本】

「古代遺跡のサバイバル 1— 大長編サバイバルシリーズ」　洪在徹文;文情厚絵;李ソラ訳　朝日新聞出版（かがくるBOOK）　2019年10月【学習支援本】

「生活を究める—スタディサプリ三賢人の学問探究ノート : 今を生きる学問の最前線読本 ; 5」　渡邊恵太著;トミヤマユキコ著;高橋龍三郎著　ポプラ社　2021年3月【学習支援本】

「博物館のバックヤードを探検しよう! : 博物館のすごい裏側大図鑑」　DK社編;小林玲子訳　河出書房新社　2021年6月【学習支援本】

▶ お仕事の様子をお話で読むには

「なんで洞窟に壁画を描いたの? : 美術のはじまりを探る旅—13歳からの考古学」　五十嵐ジャンヌ著;中島梨絵画　新泉社　2021年1月【児童文学】

「よみがえれ、マンモス! = Resurrect,mammoth! : 近畿大学マンモス復活プロジェクト」　令丈ヒロ子文;深川直美絵　講談社　2021年12月【児童文学】

「うちのメイドは不定形」　静川龍宗著　PHP研究所（スマッシュ文庫）　2010年6月【ライトノベル・ライト文芸】

「葬神記 : 考古探偵一法師全の慧眼」　化野燐著　角川書店（角川文庫）　2011年3月【ライトノベル・ライト文芸】

天文学者

宇宙や星、惑星、銀河などを研究する仕事です。天文学者は、望遠鏡や最新の技術を使って、遠くの星や惑星を観察したり、宇宙のしくみを解き明かしたりします。例えば、星がどのように生まれて、どのように死んでいくのか、惑星がどのように動いているのかを調べます。また、宇宙の起源

や、地球以外の生命が存在する可能性についても考えます。天文学者の研究は、私たちの宇宙についての理解を深めるために重要です。そして、私たちが住む地球や、宇宙の広さを知ることができるおもしろい仕事でもあります。

▶ お仕事について詳しく知るには

「人がつなげる科学の歴史 2」 ジョン・ファンドン著　文溪堂　2010年2月【学習支援本】

「新13歳のハローワーク」 村上龍著;はまのゆか絵　幻冬舎　2010年3月【学習支援本】

「宇宙環境動物のしごと：人気の職業早わかり!」 PHP研究所編　PHP研究所　2010年12月【学習支援本】

「星空に魅せられた男間重富―くもんの児童文学」 鳴海風作;高山ケンタ画　くもん出版　2011年3月【学習支援本】

「ヒラメキ公認ガイドブックようこそ宇宙へ」 リサ・スワーリング;ラルフ・レイザーイラスト;キャロル・ストット文;伊藤伸子訳　化学同人　2011年12月【学習支援本】

「ガリレオ―コミック版世界の伝記；13」 能田達規漫画;渡部潤一監修　ポプラ社　2012年1月【学習支援本】

「恒星・銀河系内：天文・宇宙の科学」 渡部潤一著　大日本図書　2012年2月【学習支援本】

「こども大図鑑宇宙」 キャロル・ストット著;ジャクリーン・ミットン監修;梶山あゆみ訳;ネイチャー・プロ編集室日本語版編集　河出書房新社　2012年5月【学習支援本】

「宇宙就職案内」 林公代著　筑摩書房（ちくまプリマー新書）　2012年5月【学習支援本】

「わたしはガリレオ」 ボニー・クリステンセン作;渋谷弘子訳　さ・え・ら書房　2012年10月【学習支援本】

「科学のふしぎなぜ?どうして?4年生」　村山哲哉監修;大野正人原案・執筆　高橋書店　2014年3月【学習支援本】

「宇宙人に会いたい!：天文学者が探る地球外生命のなぞ―科学ノンフィクション」　平林久著　学研教育出版　2014年7月【学習支援本】

「ハッブル宇宙を広げた男」　家正則著　岩波書店(岩波ジュニア新書)　2016年8月【学習支援本】

「宇宙を仕事にしよう!―14歳の世渡り術」　村沢譲著　河出書房新社　2016年11月【学習支援本】

「キャリア教育支援ガイドお仕事ナビ 15」　お仕事ナビ編集室著　理論社　2018年1月【学習支援本】

「世界を変えた100人の女の子の物語：グッドナイトストーリーフォーレベルガールズ」　エレナ・ファヴィッリ文;フランチェスカ・カヴァッロ文;芹澤恵訳;高里ひろ訳　河出書房新社　2018年3月【学習支援本】

「世界にひかりをともした13人の女の子の物語」　チェルシー・クリントン作;アレグザンドラ・ボイガー絵;西田佳子訳　潮出版社　2018年7月【学習支援本】

「天文学者―世界をうごかした科学者たち」　ゲリー・ベイリー文;本郷尚子訳　ほるぷ出版　2019年1月【学習支援本】

「まんが偉人たちの科学講義：天才科学者も人の子」　亀著　技術評論社　2019年6月【学習支援本】

「14歳からの宇宙論」　佐藤勝彦著;益田ミリマンガ　河出書房新社(河出文庫)　2019年8月【学習支援本】

「クレイジーが世界を変えた!!天才科学者149人列伝」　ダン・グリーン文;デビッド・リットルトン絵;竹内薫日本語版監修;芹澤恵訳　河出書房新社　2020年3月【学習支援本】

「キャリア教育に活きる!仕事ファイル：センパイに聞く 30」　小峰書店編集部編著　小峰書店　2021年4月【学習支援本】

▶ お仕事の様子をお話で読むには

「星読島に星は流れた」　久住四季著　東京創元社(ミステリ・フロンティア)　2015年3月【ライトノベル・ライト文芸】

地震学者

地震がどのように起こるのかを研究する仕事です。地震学者は、地球の内部でどんな力が働いているかを調べ、地震が発生する場所や原因を解明しようとします。例えば、地震の前兆や、どの地域で地震が起きやすいかを予測するために、地震のデー

タを集めて分析します。また、地震が発生したときにどんな影響があるか、どのような安全対策をするべきかを考え、地域社会に役立つ情報を提供します。地震学者は、地震が起こるしくみを解明することで、私たちがより安全に暮らせるようにするための知識を提供します。

▶お仕事について詳しく知るには

「宇宙環境動物のしごと：人気の職業早わかり!」 PHP研究所編 PHP研究所 2010年12月【学習支援本】

「新・地震をさぐる」 島村英紀著 さ・え・ら書房 2011年11月【学習支援本】

「地球の声に耳をすませて：地震の正体を知り、命を守る」 大木聖子著 くもん出版 2011年12月【学習支援本】

「巨大地震をほり起こす：大地の警告を読みとくぼくたちの研究―ちしきのもり」 宍倉正展著 少年写真新聞社 2012年4月【学習支援本】

「東日本大震災伝えなければならない100の物語 第10巻 (未来へ)」 学研教育出版著 学研教育出版 2013年2月【学習支援本】

「夢をかなえる職業ガイド：あこがれの仕事を調べよう!―楽しい調べ学習シリーズ」 PHP研究所編 PHP研究所 2015年8月【学習支援本】

「地質学者―世界をうごかした科学者たち」 フェリシア・ロー文;本郷尚子訳 ほるぷ出版 2019年3月【学習支援本】

海洋学者

海や海の中にすむ生き物、そして海の環境を研究する仕事です。海の深さや海流、温度、塩分などを調べて、海がどのように働いているのかを理解しようとします。また、海の生き物がどのように生活しているか、どんな

影響を受けているのかを研究します。例えば、船や潜水艇を使って海の中に潜り、魚や珊瑚、海の底の様子を調べます。さらに、海の汚染や温暖化の影響を研究して、海を守るために必要な対策を考えます。海洋学者の仕事のおかげで、私たちの生活と深くかかわっている海が守られています。

▶お仕事について詳しく知るには

「宇宙環境動物のしごと：人気の職業早わかり!」 PHP研究所編　PHP研究所　2010年12月【学習支援本】

「いのちあふれる海へ：海洋学者シルビア アール」 クレアA.ニヴォラさく;おびかゆうこやく　福音館書店　2013年4月【学習支援本】

「世界のまんなかの島：わたしのオラーニ」 クレア・A・ニヴォラ作;伊東晶子訳　きじとら出版　2015年3月【学習支援本】

「白いイルカの浜辺―評論社の児童図書館・文学の部屋」 ジル・ルイス作;さくまゆみこ訳　評論社　2015年7月【学習支援本】

「やりすぎ深海いきもの図鑑」 今泉忠明,今泉智人監修;森松輝夫イラスト　宝島社　2021年8月【学習支援本】

火山学者、火山研究者

火山がどのように動くのか、そして火山の噴火がどう起こるのかを研究する仕事です。火山の内部や周りの地面を調べて、噴火の前兆や、どんな条件で噴火が起こるのかを理解しようとします。例えば、火山から溶岩がどのように流れるか、地震やガスの動きなどを観察します。火山学者は、火山の危険を予測したり、

噴火による被害を減らすための情報を提供したりします。また、火山の成り立ちや、その土地の地形の変化を調べることも重要な仕事です。

▶ お仕事について詳しく知るには

「生きている火山―火山の国に生きる」 宮武健仁写真・文;井口正人監修　くもん出版
2017年1月【学習支援本】

「火山とくらす―火山の国に生きる」 宮武健仁写真・文;井口正人監修　くもん出版　2017
年2月【学習支援本】

「日本の火山―火山の国に生きる」 宮武健仁写真・文;井口正人監修　くもん出版　2017年
2月【学習支援本】

「キャリア教育に活きる!仕事ファイル：センパイに聞く 18」 小峰書店編集部編著　小峰書
店　2019年4月【学習支援本】

「火山はめざめる」 はぎわらふぐ作;早川由紀夫監修　福音館書店（科学シリーズ）　2019年
6月【学習支援本】

生物学者

植物、動物、微生物などの生き物を研究する仕事で、生き物がどのように生きているのか、どのように成長し、繁殖するのかを調べます。例えば、動物の行動を観察したり、植物がどのように成長するかを実験したりします。また、絶滅危惧種の保護活動や環境保護にもかかわり、地球の生態系を守るために研究を進めます。生物学者は、生き物の謎を解明し、私たちの生活や自然環境を守るうえで重要な役割を果たしています。

▶お仕事について詳しく知るには

「ウイルス!細菌!カビ!原虫!：微生物のことがよくわかる「20」の話」　ヘールト・ブーカールト作;セバスチアーン・ファン・ドーニンク絵;野坂悦子;塩崎香織訳;出井正道;小林直樹監修　くもん出版　2010年5月【学習支援本】

「ダーウィン：進化のなぞを解き明かした科学者―小学館版学習まんが人物館」　北村雄一シナリオ;松田辰彦まんが;長谷川眞理子監修　小学館　2010年5月【学習支援本】

「14歳の生命論：生きることが好きになる生物学のはなし―tanQブックス；13. 14歳の教室」長沼毅著　技術評論社　2011年12月【学習支援本】

「北里柴三郎―コミック版世界の伝記；17」　竹林月漫画;森孝之監修　ポプラ社　2012年2月【学習支援本】

「超訳種の起源：生物はどのように進化してきたのか―tanQブックス；15. 14歳の教室」チャールズ・ダーウィン著;夏目大訳　技術評論社　2012年4月【学習支援本】

「いつもみていた：ゆめをかなえた女の子ジェーン・グドール」　ジャネット・ウィンター作;まえざわあきえ訳　福音館書店　2012年10月【学習支援本】

「グレゴール・メンデル：エンドウを育てた修道士」　シェリル・バードー文;ジョス・A・スミス絵;片岡英子訳　BL出版　2013年6月【学習支援本】

「アリランの青い鳥 改訂版」　遠藤公男著　垂井日之出印刷所出版事業部　2013年12月【学習支援本】

「レイチェル・カーソン―オールカラーまんがで読む知っておくべき世界の偉人；4」　パピルス文;白ひげくじら絵;新井佐季子訳　岩崎書店　2013年12月【学習支援本】

「花粉症のない未来のために：無花粉スギの研究者・斎藤真己―感動ノンフィクションシリー

ズ」　金治直美文　佼成出版社　2014年2月【学習支援本】

「ダーウィンが見たもの」　ミックマニングさく;ブリタグランストロームさく;渡辺政隆やく　福音館書店　2014年6月【学習支援本】

「レイチェル・カーソン＝Rachel Carson：『沈黙の春』で環境問題を訴えた生物学者：生物学者・作家〈アメリカ〉―ちくま評伝シリーズ〈ポルトレ〉」　筑摩書房編集部著　筑摩書房　2014年10月【学習支援本】

「生きた化石摩訶ふしぎ図鑑―「生きもの摩訶ふしぎ図鑑」シリーズ」　北村雄一絵と文　保育社　2017年7月【学習支援本】

「生物学者―世界をうごかした科学者たち」　フェリシア・ロー文;本郷尚子訳　ほるぷ出版　2018年11月【学習支援本】

「世界を変えた100の科学者：ダーウィンからホーキングまで」　アンドレア・ミルズ著;ステラ・コールドウェル著;左巻健男監修;湊麻里訳;渡邊真里訳　実業之日本社　2019年6月【学習支援本】

「AIとともに生きる未来 3」　山田誠二監修　文溪堂　2020年3月【学習支援本】

「青のなかの青：アンナ・アトキンスと世界で最初の青い写真集―評論社の児童図書館・絵本の部屋」　フィオナ・ロビンソンさく;せなあいこやく　評論社　2021年3月【学習支援本】

「北里柴三郎：伝染病とたたかった不屈の細菌学者―伝記を読もう;22」　たからしげる文;立花まこと画　あかね書房　2021年3月【学習支援本】

「13歳からのレイチェル・カーソン」　上遠恵子監修;レイチェル・カーソン日本協会編　かもがわ出版　2021年5月【学習支援本】

「北里柴三郎：近代日本医学の父・感染症対策の先駆者―小学館版学習まんが人物館;日本-33」　森孝之監修;夏緑シナリオ;やまざきまことまんが　小学館　2021年12月【学習支援本】

▶お仕事の様子をお話で読むには

「きょうりゅうレディ：さいしょの女性古生物学者メアリー・アニング」　リンダ・スキアース作;マルタ・アルバレス・ミゲンス絵;まえざわあきえ訳　出版ワークス　2021年7月【絵本】

自然保護官、レンジャー

自然や動物、植物を守るために働く人です。
レンジャーは、自然公園や保護区などで、
動物や植物が安全に暮らせるように管理し
ます。例えば、野生動物を見守り、違法な
狩猟や環境破壊を防ぐために活動します。
また、自然環境を守るために、人々に自然
の大切さを伝えたり、教育プログラムを行

ったりします。自然災害から自然を守ったり、生態系がうまく保たれる
ようにするために研究を行ったりもします。自然保護官は、動植物が
絶滅しないように守り、未来の世代が美しい自然を楽しめるようにする
ために重要な仕事をしています。

▶ お仕事について詳しく知るには

「仕事の図鑑：なりたい自分を見つける! 12 (未来の地球環境をつくる仕事)」「仕事の図鑑」
編集委員会編　あかね書房　2010年3月【学習支援本】

「職場体験完全ガイド 15　ポプラ社　2010年3月【学習支援本】

「宇宙環境動物のしごと：人気の職業早わかり!」 PHP研究所編　PHP研究所　2010年12
月【学習支援本】

「自然保護レンジャーになるには―なるにはBOOKS；73」　須藤ナオミ著;藤原祥弘著;キャ
ンプよろず相談所編　ぺりかん社　2016年10月【学習支援本】

「大人になったらしたい仕事：「好き」を仕事にした35人の先輩たち」　朝日中高生新聞編集
部編著　朝日学生新聞社　2017年9月【学習支援本】

「ときめきハッピーおしごと事典スペシャル―キラかわ★ガール」　おしごとガール研究会
著　ナツメ社　2017年12月【学習支援本】

「キャリア教育に活きる!仕事ファイル：センパイに聞く 18」　小峰書店編集部編著　小峰書
店　2019年4月【学習支援本】

野生動物保護官

動物が安全に暮らせる環境を守る仕事で、野生動物が危険にさらされないように、違法な狩猟や密漁を防ぎ、動物の生息地を守ります。また、絶滅しそうな動物を保護するために、特別なプログラムや活動を行うこともあります。動物が人々や地域と共に共存できるように、地域の住民とも協力しながら働きます。例えば、動物の生態を調べたり、けがをした動物の治療を手伝ったりすることもあります。野生動物保護官は、未来のために自然を守り、次の世代に美しい動物たちを残す、やりがいのある仕事です。

ネイチャーガイド

自然の中で観光客やグループを案内する仕事です。動植物や自然の景色、地形について詳しく説明し、参加者にその魅力を伝えます。また、自然を守るためにどんなことに気をつけるべきかも教えてくれます。例えば、動物に近づきすぎないことや、ゴミを持ち帰ることの大切さを伝えます。自然の美しさやおもしろさを味わいながら、環境保護を学べる機会を提供する役割を果たします。この仕事を通じて、人々が自然を大切にする気持ちを育て、地球を守るための行動を促すことができます。

▶ **お仕事について詳しく知るには**

「新13歳のハローワーク」　村上龍著;はまのゆか絵　幻冬舎　2010年3月【学習支援本】

「アウトドアで働くーなるにはBOOKS；補巻16」　須藤ナオミ著;キャンプよろず相談所編　ぺりかん社　2015年2月【学習支援本】

森林官
しんりんかん

森や森林を守る仕事です。森の中で木を育てることはもちろん、木が無駄に伐採されないように管理したり、森の動植物が安全に生きられる環境を作ったりすることが大切な仕事です。また、森林の火災を防いだり、森林の健康を保つために、病気や害虫の対策も行います。森林官は、地球の環境を守るために重要な役割を果たしており、森が

人々の生活に必要な資源を提供できるように働きかけています。森や自然を守る森林官の仕事は、私たちの未来にとって欠かせない大切な仕事なのです。

▶お仕事について詳しく知るには

「新13歳のハローワーク」　村上龍著;はまのゆか絵　幻冬舎　2010年3月【学習支援本】

「10代のための仕事図鑑 = The career guide for teenagers : 未来の入り口に立つ君へ」
大泉書店編集部編　大泉書店　2017年4月【学習支援本】

「ポプラディアプラス仕事・職業 = POPLAR ENCYCLOPEDIA PLUS Career Guide 1」
藤田晃之監修　ポプラ社　2018年4月【学習支援本】

エコツアーガイド

自然や環境についての知識を生かして、観光客に自然を楽しんでもらいながら、「環境保護」の大切さを伝える仕事です。ガイドは、自然の中を案内しながら、動物や植物、地形などの特徴を説明します。そして、環境を守るためにどうすれば良いか、どんなことに気をつけるべきかを教えます。例えば、ゴミを拾うことや、静かに動物を観察することの大切さなどを伝え、自然を守りながら楽しむ方法を教えてくれます。この仕事は、自然を愛する気持ちを

人々に伝え、未来に向けて環境を守るために重要な役割を果たしています。

▶ お仕事について詳しく知るには

「仕事の図鑑：なりたい自分を見つける! 12 (未来の地球環境をつくる仕事)」「仕事の図鑑」編集委員会編　あかね書房　2010年3月【学習支援本】

「ぼくの仕事場は富士山です―世の中への扉」　近藤光一著　講談社　2011年7月【学習支援本】

「感動する仕事!泣ける仕事! : お仕事熱血ストーリー 第2期 8 (大切にしたい!自然のチカラ)」日本児童文芸家協会編集　学研教育出版　2012年2月【学習支援本】

「旅行のひみつ―学研まんがでよくわかるシリーズ ; 69」　山口育孝漫画;橘悠紀構成　学研パブリッシングコミュニケーションビジネス事業室　2012年3月【学習支援本】

「アウトドアで働く―なるにはBOOKS ; 補巻16」　須藤ナオミ著;キャンプよろず相談所編　ぺりかん社　2015年2月【学習支援本】

「気象予報士・林業作業士・海洋生物学者・エコツアーガイド」　ポプラ社　2015年4月【学習支援本】

「職場体験完全ガイド 43」　ポプラ社編集　ポプラ社　2015年4月【学習支援本】

「キャリア教育に活きる!仕事ファイル : センパイに聞く 16」　小峰書店編集部編著　小峰書店　2019年4月【学習支援本】

森林インストラクター

森の中で自然や環境についての知識を伝える仕事です。森を訪れた人々に木々や植物、動物について説明し、自然の大切さを教えます。また、森の中での安全な過ごし方や、自然を守るための方法を伝えることも大切な役割です。この仕事では、森を楽しみながら学べるように、歩きながらの観察や体験活動を行うこともあります。森林インストラクターは、自然と人々をつなげることで、環境を守るための意識を高める役割を果たします。森の魅力を伝え、次の世代へ美しい自然を残すために重要な仕事です。

▶ お仕事について詳しく知るには

「職場体験完全ガイド 15」　ポプラ社　2010年3月【学習支援本】

「宇宙環境動物のしごと：人気の職業早わかり!」　PHP研究所編　PHP研究所　2010年12月【学習支援本】

「樹木ハカセになろう」　石井誠治著　岩波書店（岩波ジュニア新書）　2011年3月【学習支援本】

インタープリター、自然解説員

森・川・海・動物園・博物館などの自然全般で人々に、動植物や自然環境についてわかりやすく説明する仕事をしている人です。例えば、森や公園を訪れた人に、どんな動物がすんでいるのか、インタープリターは、自然の大切さや環境を守るための方法も伝える役割があります。この仕事で大切なのは、人々が楽しく学べるように、観察や体験を通じて自然について理解を深めてもらうことです。インタープリターは、自然と人々をつなげ、自然環境を守るための意識を高めるお手伝いをします。

▶ お仕事について詳しく知るには

「職場体験完全ガイド 15」　ポプラ社　2010年3月【学習支援本】

「宇宙環境動物のしごと：人気の職業早わかり!」　PHP研究所編　PHP研究所　2010年12月【学習支援本】

「感動する仕事!泣ける仕事!：お仕事熱血ストーリー 第2期 8 (大切にしたい!自然のチカラ)」日本児童文芸家協会編集　学研教育出版　2012年2月【学習支援本】

登山家、アルピニスト

山に登ることを専門にしている人たちです。ただ高い山に登るだけでなく、ルートを調べたり、天気や自然のきびしさにたえながら、安全に登る方法を考えたりします。世界一高いエベレストなどの山に挑戦する人もいて、体力 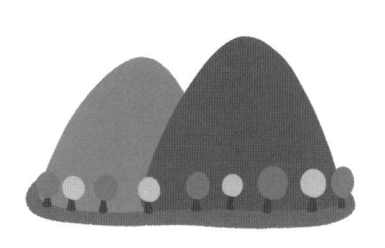 と知識、チームワークがとても大切です。また、本やテレビで山の様子を伝えたり、道具のアドバイスをしたりもします。山を通じて自然のすばらしさや、驚くような体験を世界に広めてくれる仕事です。

▶ お仕事について詳しく知るには

「新13歳のハローワーク」 村上龍著;はまのゆか絵 幻冬舎 2010年3月【学習支援本】

「10代のための仕事図鑑 = The career guide for teenagers : 未来の入り口に立つ君へ」 大泉書店編集部編 大泉書店 2017年4月【学習支援本】

「世界を変えた100人の女の子の物語:グッドナイトストーリーフォーレベルガールズ」 エレナ・ファヴィッリ,フランチェスカ・カヴァッロ文;芹澤恵,高里ひろ訳 河出書房新社 2018年3月【学習支援本】

「めざせ!災害サバイバルマスター : きみは、災害発生後72時間を生き抜けるか? 3」 片山誠監修;髙橋未来イラスト 太郎次郎社エディタス 2019年2月【学習支援本】

「自分を信じた100人の男の子の物語:世界の変え方はひとつじゃない」 ベン・ブルックス文;クイントン・ウィンター絵;芹澤恵,高里ひろ訳 河出書房新社 2019年4月【学習支援本】

「歴史を変えた50人の女性アスリートたち」 レイチェル・イグノトフスキー著;野中モモ訳 創元社 2019年4月【学習支援本】

「エベレスト:命・祈り・挑戦」 サングマ・フランシス文;リスク・フェン絵;千葉茂樹訳 徳間書店 2019年7月【学習支援本】

冒険家、探検家

未知の場所や危険な地域に足を踏み入れて、新しい発見をする仕事です。例えば、まだ誰も行ったことがない山に登ったり、遠いジャングルを歩いたり、極寒の場所を調査したりします。地球の未知の部分を調べて、新しい情報や知識を世界に伝える役割を担っています。冒険家や探検家は、体力や知識を使いながら、自分の限界に挑戦します。また、自然の中での生き方や、危険から身を守る方法を学びながら、貴重な経験を積んでいきます。

▶お仕事について詳しく知るには

「わたしが冒険について語るなら―未来のおとなへ語る」 三浦雄一郎著 ポプラ社 2010年1月【学習支援本】

「子どもたちよ、冒険しよう：生きる力は、旅することからわいてくる―ラピュータブックス」三輪主彦;丸山純;中山嘉太郎;坪井伸吾;埜口保男著 ラピュータ 2010年7月【学習支援本】

「いま生きているという冒険―よりみちパン!セ;P10」 石川直樹著 イースト・プレス 2011年10月【学習支援本】

「コロンブス―コミック版世界の伝記;11」 摩耶美紗樹漫画;長澤和俊監修 ポプラ社 2011年12月【学習支援本】

「ヒラメキ公認ガイドブック世界中を探検しよう」 リサ・スワーリングイラスト;ラルフ・レイザーイラスト;ピーター・クリスプ文;伊藤伸子訳 化学同人 2012年7月【学習支援本】

「高校生で出会っておきたい73の言葉」 覚和歌子編 PHPエディターズ・グループ 2012年11月【学習支援本】

「北極点をめざした黒人探検家マシュー・ヘンソン」 キャロル・ボストン・ウェザーフォード著;エリック・ヴェラスケス絵;渋谷弘子訳 汐文社 2013年11月【学習支援本】

「北加伊道：松浦武四郎のエゾ地探検―ポプラ社の絵本;27」 関屋敏隆文・型染版画 ポプラ社 2014年6月【学習支援本】

「アッタカラじまのたからもの―スーパーワイドチャレンジえほん.ことばとかず;9」 岡本一郎作;菅野泰紀絵;山本良和監修 チャイルド本社 2014年12月【学習支援本】

「コロンブス 第2版—絵本版こども伝記ものがたり；4」 香山美子文;赤坂三好絵 チャイルド本社 2015年7月【学習支援本】

「植村直己：極限に挑んだ冒険家—伝記を読もう；6」 滝田誠一郎文 あかね書房 2016年3月【学習支援本】

「南極のスコット大佐とシャクルトン＝CAPTAIN SCOTT AND SHACKLETON IN THE ANTARCTIC—たくさんのふしぎ傑作集」 佐々木マキ作 福音館書店 2016年4月【学習支援本】

「偉人のおはなし：ハンディタイプ：夢のとびらがひらく！一頭のいい子を育てる」 主婦の友社編 主婦の友社 2016年7月【学習支援本】

「北極・南極探検の歴史：極限の世界を体感する19のアクティビティ—ジュニアサイエンス」 MaxineSnowden著;石沢賢二監訳;鈴木理訳 丸善出版 2016年12月【学習支援本】

「世界の冒険家：アプリで遊べる本：全15話—ARと読むシリーズ」 マリア・フェルナンダ・カナル監修;セザール・サマニエゴイラスト;カルメン・ドミンゴテキスト アルファブックス/アルファ企画 2017年5月【学習支援本】

「オレはどうくつ探検家」 吉田勝次著 ポプラ社（シリーズ◎自然いのちひと ） 2018年7月【学習支援本】

「きみを変える50の名言 [3]」 佐久間博文;pon-marsh絵 汐文社 2019年3月【学習支援本】

「キャリア教育に活きる！仕事ファイル：センパイに聞く 18」 小峰書店編集部編著 小峰書店 2019年4月【学習支援本】

▶お仕事の様子をお話で読むには

「C&Y地球最強姉妹キャンディ夏休みは戦争へ行(い)こう！—カドカワ銀のさじシリーズ」 山本弘著 角川書店 2010年2月【児童文学】

「ロスト・ワールド：失われた世界 新装版」 アーサー・コナン・ドイル作;菅紘訳;小副川智也絵 講談社（講談社青い鳥文庫） 2015年8月【児童文学】

「さらわれたおとぎ話—少年冒険家トム；2」 イアン・ベック作・絵;松岡ハリス佑子訳 静山社（静山社ペガサス文庫） 2015年9月【児童文学】

「救われたおとぎ話—少年冒険家トム；3」 イアン・ベック作・絵;松岡ハリス佑子訳 静山社（静山社ペガサス文庫） 2015年11月【児童文学】

「ふしぎな北極のせかい：犬ぞり探検家が見た！」 山崎哲秀著 repicbook 2018年10月【児童文学】

アウトドア用品メーカー

キャンプや登山などのアウトドア活動に必要な道具を作る仕事をしている会社です。例えば、テント、寝袋、バックパック、登山靴、ランタンなどの製品をデザインしたり、作ったりします。これらの道具は、自然の中で安全に楽しく過ごせるようにするために重要です。自然環境に合った材料を使ったり、使う人の体力や気候に応じた設計をしたりします。この仕事は、アウトドア活動を楽しむ人々に必要な大切な道具を提供する大切な役割を果たしています。

▶ お仕事について詳しく知るには

「アウトドアで働く―なるにはBOOKS；補巻16」 須藤ナオミ著;キャンプよろず相談所編 ぺりかん社　2015年2月【学習支援本】

「キャリア教育に活きる!仕事ファイル:センパイに聞く 18」 小峰書店編集部編著　小峰書店　2019年4月【学習支援本】

気象予報士、気象予報官

天気を予測する仕事で、天気図や衛星の画像、気象データを使って、明日や数日後の天気がどうなるかを予測します。例えば、雨や雪が降るか、気温が高くなるか低くなるか、風が強く吹くかどうかを予測し、テレビやインターネットで知らせます。天気を予測するために、気温、湿度、風速などの情報を集めて分析します。また、災害を防ぐために、台風や大雪、雷雨などの危険な天気についても、早めに警報を出して人々に注意を呼びかけます。気象予報士や気象予報官は、日常生活や安全を守るためにとても大切な役割を果たしています。

▶お仕事について詳しく知るには

「天気の不思議がわかる!：自由研究に役立つ実験つき」　日本気象協会監修　実業之日本社　2010年7月【学習支援本】

「宇宙環境動物のしごと：人気の職業早わかり!」　PHP研究所編　PHP研究所　2010年12月【学習支援本】

「気象予報士の仕事：将来有望!就職にも有利なライセンス」　法学書院編集部編　法学書院　2011年2月【学習支援本】

「天気の基本を知ろう!―天気でわかる四季のくらし；5」　日本気象協会著　新日本出版社　2011年2月【学習支援本】

「検定クイズ100天気・気象：理科 図書館版―ポケットポプラディア；2」　検定クイズ研究会編;森田正光監修　ポプラ社　2011年3月【学習支援本】

「天気予報の大研究：自然がもっと身近になる!：役割・しくみから用語・天気図まで」　日本気象協会監修　PHP研究所　2011年9月【学習支援本】

「ジョブチューンのぶっちゃけハローワーク」　TBS「ジョブチューン」を作っている人たち編　主婦と生活社　2014年7月【学習支援本】

「日本気象協会気象予報の最前線―このプロジェクトを追え!」　深光富士男文　佼成出版社

2014年8月【学習支援本】

「気象の図鑑：空と天気の不思議がわかる―まなびのずかん」　筆保弘徳監修・著;岩槻秀明;今井明子著　技術評論社　2014年9月【学習支援本】

「職場体験完全ガイド 43」　ポプラ社編集　ポプラ社　2015年4月【学習支援本】

「シラー小伝」　相原隆夫著　近代文藝社　2015年9月【学習支援本】

「親子で学びたい二宮金次郎伝：不運を幸運に変える生き方・考え方」　三戸岡道夫著　致知出版社　2015年10月【学習支援本】

「気象予報士・予報官になるには―なるにはBOOKS；144」　金子大輔著　ぺりかん社2016年6月【学習支援本】

「10代のための仕事図鑑 = The career guide for teenagers：未来の入り口に立つ君へ」大泉書店編集部編　大泉書店　2017年4月【学習支援本】

「キャリア教育に活きる!仕事ファイル：センパイに聞く 8」　畠山重篤著;スギヤマカナヨ絵小峰書店　2018年4月【学習支援本】

「未来のお仕事入門 = MANGA FUTURE CAREER PRIMER」　東園子まんが　学研プラス（学研まんが入門シリーズミニ）　2018年8月【学習支援本】

「大人になったらしたい仕事：「好き」を仕事にした35人の先輩たち 2」　朝日中高生新聞編集部編著　朝日学生新聞社　2018年10月【学習支援本】

「天文学者―世界をうごかした科学者たち」　ゲリー・ベイリー文;本郷尚子訳　ほるぷ出版2019年1月【学習支援本】

「すごすぎる天気の図鑑 = The Amazing Visual Dictionary of the Weather：空のふしぎがすべてわかる!」　荒木健太郎著　KADOKAWA　2021年4月【学習支援本】

「みあげてみようそらのなぞ―ドラえもんのプレ学習シリーズ. ドラえもんの不思議はじめて挑戦：天気・気象・宇宙」　藤子・F・不二雄キャラクター原作;白數哲久監修　小学館2021年7月【学習支援本】

「ふしぎなお天気のいろいろ：お天気キャスターが教える」　小林正寿著　repicbook2021年9月【学習支援本】

▶ お仕事の様子をお話で読むには

「蝶が舞ったら、謎のち晴れ：気象予報士・蝶子の推理」　伊与原新著　新潮社（新潮文庫nex）　2015年8月【ライトノベル・ライト文芸】

気象庁職員

日本の天気を調べ、予測する仕事です。気象庁では、気象データを集めて、天気予報や気象警報を発表します。例えば、台風や大雨、雪などの危険な天気を予測し、人々に早めに知らせることで、安全を守る手助けをしています。また、地震や津波の情報も管理しており、自然災害に備えるための大切な役割を担っています。気象庁職員は、天気に関するデータを正確に集め、分析して、みんなが安全に過ごせるように情報を提供する仕事です。

▶お仕事について詳しく知るには

「宇宙環境動物のしごと：人気の職業早わかり!」 PHP研究所編 PHP研究所 2010年12月【学習支援本】

「社会科見学に役立つわたしたちのくらしとまちのしごと場 4」 ニシ工芸児童教育研究所編 金の星社 2013年3月【学習支援本】

「いちばんわかる!日本の省庁ナビ 6」 出雲明子監修 ポプラ社 2018年4月【学習支援本】

「キャリア教育に役立つ!官公庁の仕事」 稲継裕昭監修 あかね書房 2018年12月【学習支援本】

「キャリア教育に活きる!仕事ファイル：センパイに聞く 27」 小峰書店編集部編著 小峰書店 2020年4月【学習支援本】

山岳救助隊

山の中で事故に遭った人や遭難した人を助ける仕事です。例えば、登山者が道に迷ったり、けがをしたりしたときに、山の中に入って助けに行きます。救助隊は、山の環境に詳しく、急な天気の変化や難しい地形の中でも、安全に人を救助できる技術を持っていて、ヘリコプターやロープを使って山の中を移動したり、必要な道具を使ってけがをした人を助けたりします。また、救助が終わった後は、同じ事故が起きないように、登山者に安全に登るためのアドバイスをすることも大切です。山岳救助隊は、人々の命を守るために大きな役割を果たしています。

▶お仕事について詳しく知るには

「感動する仕事!泣ける仕事!：お仕事熱血ストーリー8 ("ありがとう"が私を元気にしてくれる)」 学研教育出版 2010年2月【学習支援本】

「新13歳のハローワーク」 村上龍著;はまのゆか絵 幻冬舎 2010年3月【学習支援本】

「消防署・警察署で働く人たち：しごとの現場としくみがわかる!―しごと場見学!」 山下久猛著 ぺりかん社 2011年8月【学習支援本】

「治安・法律・経済のしごと：人気の職業早わかり!」 PHP研究所編 PHP研究所 2011年9月【学習支援本】

「なりたい!知りたい!調べたい!人命救助のプロ3 (山のレスキュー隊)」 こどもくらぶ編・著 岩崎書店 2013年3月【学習支援本】

「アウトドアで働く―なるにはBOOKS；補巻16」 須藤ナオミ著;キャンプよろず相談所編 ぺりかん社 2015年2月【学習支援本】

「現場で働く人たち：現場写真がいっぱい1」 こどもくらぶ編・著 あすなろ書房 2015年8月【学習支援本】

「キャリア教育支援ガイドお仕事ナビ8」 お仕事ナビ編集室著 理論社 2015年11月【学習支援本】

「10代のための仕事図鑑 = The career guide for teenagers：未来の入り口に立つ君へ」

大泉書店編集部編　大泉書店　2017年4月【学習支援本】

「キャリア教育に活きる!仕事ファイル：センパイに聞く 8」　小峰書店　小峰書店編集部 編著　2018年4月【学習支援本】

「ポプラディアプラス仕事・職業 = POPLAR ENCYCLOPEDIA PLUS Career Guide 2」ポプラ社　2018年4月【学習支援本】

「いのちを救いたい救急救命24時 2」　風讃社編　汐文社　2019年1月【学習支援本】

「キャリア教育に活きる!仕事ファイル：センパイに聞く 18」　小峰書店編集部編著　小峰書店　2019年4月【学習支援本】

「消防官の一日」　WILLこども知育研究所編著　保育社（暮らしを支える仕事見る知るシリーズ：10代の君の「知りたい」に答えます）　2019年8月【学習支援本】

国土地理院職員

日本の地図を作ったり、土地の情報を集めたりする仕事です。地図は、町の場所を知るために必要なだけでなく、災害時にも役立ちます。国土地理院では、最新の地図や地形のデータを集め、正確でわかりやすい地図を作ります。また、土地の高さや地震、津波などの情報を調べることもあり、これらの情報は、

災害が起きたときに人々を守るためにとても大切です。国土地理院職員は、みんなが安全に暮らせるように、正しい地図やデータを提供する役割を果たしています。

▶ お仕事について詳しく知るには

「宇宙環境動物のしごと：人気の職業早わかり!」　PHP研究所編　PHP研究所　2010年12月【学習支援本】

南極地域観測隊

南極での研究や調査を行う仕事です。南極はとても寒く、過酷な環境ですが、地球の気候や環境についての大切な情報がたくさんあります。観測隊の人たちは、氷や雪の調査、動植物の研究、気象データの収集などを行い、南極の特別な研究基地で生活し、さまざまな科学実験をしています。また、地球の環境問題を解決するための手がかりを探し、世界中に情報を提供しています。南極地域観測隊の仕事は、地球全体にとって重要な研究をするため、とても大切な役割を果たしています。

▶お仕事について詳しく知るには

「仕事の図鑑：なりたい自分を見つける! 12 (未来の地球環境をつくる仕事)」「仕事の図鑑」編集委員会編　あかね書房　2010年3月【学習支援本】

「宇宙環境動物のしごと：人気の職業早わかり!」 PHP研究所編　PHP研究所　2010年12月【学習支援本】

「タロとジロ：南極で生きぬいた犬」 東多江子文;佐藤やゑ子絵　講談社(講談社青い鳥文庫)　2011年9月【学習支援本】

「南極犬物語—ハンカチぶんこ」 綾野まさる作　ハート出版　2011年9月【学習支援本】

「感動する仕事!泣ける仕事!：お仕事熱血ストーリー 第2期 8 (大切にしたい!自然のチカラ)」日本児童文芸家協会編集　学研教育出版　2012年2月【学習支援本】

「南極大陸のふしぎ：雪と氷が広がる地球の果ての大自然—子供の科学★サイエンスブックス」 武田康男著　誠文堂新光社　2013年1月【学習支援本】

「南極から地球環境を考える 1 (南極観測のひみつQ&A)—ジュニアサイエンス」 国立極地研究所監修;こどもくらぶ編さん　丸善出版　2014年10月【学習支援本】

「はたらく船大図鑑 3 (調査する船)」 池田良穂監修　汐文社　2016年1月【学習支援本】

「南極のサイエンス—学習まんがドラえもんふしぎのサイエンス」 藤子・F・不二雄キャラクター原作;ひじおか誠まんが;藤子プロ監修;国立極地研究所監修　小学館　2017年1月【学習支援本】

「ドラえもん科学ワールド南極の不思議—ビッグ・コロタン ; 151」 藤子・F・不二雄まんが;

藤子プロ監修;国立極地研究所監修;小学館ドラえもんルーム編　小学館　2017年3月【学習支援本】

「南極点：夢に挑みつづけた男村山雅美」　関屋敏隆文・型染版画　ポプラ社（ポプラ社の絵本）　2018年12月【学習支援本】

「クマムシ調査隊、南極を行く!」　鈴木忠著　岩波書店（岩波ジュニア新書）　2019年6月【学習支援本】

「南極犬物語 新装版」　綾野まさる著;くまおり純絵　ハート出版　2020年12月【学習支援本】

バイオ技術者

生き物や細胞、遺伝子などを使って新しい技術や製品を作る仕事です。例えば、薬を作るために細胞や微生物を使ったり、病気を治すための治療法を研究したりします。バイオ技術者は、自然の力を生かして、環境にやさしいエネルギーを作ったり、食べものを安全にしたりすることもあり、科学や技術の知識を生かして、生活をより良くするために大切

な役割を果たします。バイオ技術者は、人々の健康や生活に役立つものを発明したり、研究したりする仕事です。

▶ お仕事について詳しく知るには

「新13歳のハローワーク」　村上龍著;はまのゆか絵　幻冬舎　2010年3月【学習支援本】

「宇宙環境動物のしごと：人気の職業早わかり!」　PHP研究所編　PHP研究所　2010年12月【学習支援本】

「バイオ技術者・研究者になるには—なるにはBOOKS」　堀川晃菜著　ぺりかん社　2018年8月【学習支援本】

学芸員

博物館や美術館で働く人たちで、展示物や資料を管理したり、展示を企画したりする仕事をしています。例えば、恐竜の骨や古い道具、絵画などを大切に保存し、それらがどんな意味を持つのかを研究します。そして、来館者がその展示をよく理解できるように、展示の解説を行ったり、イベントを開いたりします。学芸員は、展示物の収集や保存だけでなく、展示の準備をするために、さまざまな情報を調べたり、展示物をどう見せるかを考えたりします。みんなが興味を持ち、学べるように資料を活用する大切な役割を持っています。

▶お仕事について詳しく知るには

「美術館・博物館で働く人たち：しごとの現場としくみがわかる！—しごと場見学！」 鈴木一彦著　ぺりかん社　2011年3月【学習支援本】

「美術館へ行こう」 草薙奈津子著　岩波書店（岩波ジュニア新書）　2013年3月【学習支援本】

「超ちっちゃい恐竜たち—おもしろ恐竜大集合」 ルパート・マシュース著;今西大訳　鈴木出版　2013年12月【学習支援本】

「博物館のひみつ：保管・展示方法から学芸員の仕事まで—楽しい調べ学習シリーズ」 斎藤靖二監修　PHP研究所　2016年6月【学習支援本】

「美術館のひみつ：展覧会の準備・開催から学芸員の仕事まで—楽しい調べ学習シリーズ」 草薙奈津子監修　PHP研究所　2017年1月【学習支援本】

「美術館・博物館で働く人たち：しごとの現場としくみがわかる！ デジタルプリント版」 鈴木一彦著　ぺりかん社（しごと場見学！）　2018年1月【学習支援本】

「学芸員になるには—なるにはBOOKS」 横山佐紀著　ぺりかん社　2019年4月【学習支援本】

「ドラゴンのお医者さん：ジョーン・プロクターは虫類を愛した女性—世界をみちびいた知られざる女性たち；1」 パトリシア・バルデス文;フェリシタ・サラ絵;服部理佳訳　岩崎書店　2019年5月【学習支援本】

「キャリア教育に活きる！仕事ファイル：センパイに聞く 23」 小峰書店編集部編著　小峰書店　2020年4月【学習支援本】

「美術館って、おもしろい！：展覧会のつくりかた、働く人たち、美術館の歴史、裏も表もす

べてわかる本」　モラヴィア美術館著;阿部賢一訳;須藤輝彦訳　河出書房新社　2020年5月
【学習支援本】

「旅が好きだ! : 21人が見つけた新たな世界への扉」　河出書房新社編;角田光代著;ほか著
河出書房新社（14歳の世渡り術）　2020年6月【学習支援本】

「見たい!知りたい!博物館はうら側もすごい!」　斎藤靖二監修　WAVE出版　2020年11月
【学習支援本】

▶ お仕事の様子をお話で読むには

「月影町ふしぎ博物館 謎のマジカルキャンプ」　和智正喜作;さかもとまき絵　講談社（講談
社青い鳥文庫）　2011年1月【児童文学】

「銀髪の賢者と油之牝狗（ビッチ） : 現代アート探偵ゲンダイチコースケの事件簿」　岡田裕子
著;松下学著;阿部謙一著　アートダイバー　2015年10月【児童文学】

「鬼神曲 : 考古探偵一法師全の不在」　化野燐著　角川書店（角川文庫）　2011年5月【ライト
ノベル・ライト文芸】

「大神兄弟探偵社」　里見蘭著　新潮社（新潮文庫nex）　2014年11月【ライトノベル・ライト
文芸】

「もののけ画館夜行抄」　地本草子著　KADOKAWA（富士見L文庫）　2015年1月【ライトノ
ベル・ライト文芸】

「海の上の博物館 = MUSEUM ON THE SEA」　行田尚希著　KADOKAWA（メディアワー
クス文庫）　2015年1月【ライトノベル・ライト文芸】

「悪魔交渉人 4 (天使の方舟)」　栗原ちひろ著　KADOKAWA（富士見L文庫）　2016年1月
【ライトノベル・ライト文芸】

「睡蓮（ロータス）のまどろむ館 : イヴルズ・ゲート」　篠田真由美著　KADOKAWA（角川ホ
ラー文庫）　2016年5月【ライトノベル・ライト文芸】

「かぜまち美術館の謎便り」　森晶麿著　新潮社(新潮文庫nex)　2017年6月【ライトノベル・
ライト文芸】

「100回泣いても変わらないので恋することにした。」　堀川アサコ著　新潮社（新潮文庫）
2017年7月【ライトノベル・ライト文芸】

「ひきこもり作家と同居します。」　谷崎泉著　KADOKAWA（富士見L文庫）　2017年8月【ラ
イトノベル・ライト文芸】

「上野の神様にこい願わくは : あやかし資料館の大蛇様」　岡達英茉著　KADOKAWA（富士
見L文庫）　2020年1月【ライトノベル・ライト文芸】

「学芸員・西紋寺唱真の呪術蒐集録」　峰守ひろかず著　KADOKAWA（メディアワークス文
庫）　2020年8月【ライトノベル・ライト文芸】

「学芸員・西紋寺唱真の呪術蒐集録 2」　峰守ひろかず著　KADOKAWA（メディアワークス
文庫）　2021年3月【ライトノベル・ライト文芸】

新エネルギー開発研究者

地球にやさしいエネルギーを見つけたり、作ったりする仕事です。例えば、太陽光や風力、バイオマス（植物や動物の力を使ったエネルギー）などを利用して、電気を作る方法を研究します。こうしたエネルギーは、石油やガスのような資源を使わないので、

地球の環境を守るためにとても大切です。新エネルギー開発研究者は、未来のエネルギー問題を解決するために、みんなの生活をより良くするために大切な役割を果たしています。

▶お仕事について詳しく知るには

「職場体験完全ガイド 15」　ポプラ社　2010年3月【学習支援本】

「感動する仕事!泣ける仕事! : お仕事熱血ストーリー 第2期 8 (大切にしたい!自然のチカラ)」
日本児童文芸家協会編集　学研教育出版　2012年2月【学習支援本】

「総合商社図鑑 : 未来をつくる仕事がここにある」 三井物産監修;青山邦彦絵;日経BPコンサルティング編集　日経BPコンサルティング　2012年8月【学習支援本】

「ポプラディアプラス仕事・職業 = POPLAR ENCYCLOPEDIA PLUS Career Guide 1」
藤田晃之監修　ポプラ社　2018年4月【学習支援本】

「目でみる水面下の図鑑 = The Visual Guide to Underwater」　こどもくらぶ編　東京書籍
2018年8月【学習支援本】

「個性ハッケン! : 50人が語る長所・短所 2.」　田沼茂紀監修　ポプラ社　2018年9月【学習支援本】

アロマセラピスト

花や木などの植物から作られたよい香り（アロマ）を使って、人の心や体をリラックスさせる仕事です。アロマのオイルを使ってマッサージをしたり、香りをかいでもらったりして、ストレスやつかれをやわらげます。どの香りがその人に合うかを考えて香りを選び、その人に合ったリラックスできる環境を作ります。アロマセラピストは、ストレスを減らしたり、体の調子を整えるために香りを使って、健康をサポートする大切な役割を担っています。

▶ お仕事について詳しく知るには

「ファッション建築ITのしごと：人気の職業早わかり!」 PHP研究所編　PHP研究所　2011年2月【学習支援本】

「ときめきハッピーおしごと事典スペシャル—キラかわ★ガール」 おしごとガール研究会著　ナツメ社　2017年12月【学習支援本】

3

植物や自然に
かかわる知識

海洋学

海について学ぶ自然科学の一分野です。
海洋学者は、海の水や海底、海の生き物
について研究します。海の温度や塩分、
流れなどを調べて、海がどのように動い
ているか、どうして海の環境が変わるの

かを解明します。また、海の生き物がどのように生きているのか、どう
やって海を守るかを考えています。海洋学者は、海の大切さを理解し、
海の環境を守る方法を探したり、気候の変化が海にどう影響するかを
調べたりします。海洋学は、地球全体の健康を守るためにとても大切
な学問です。

▶ お仕事について詳しく知るには

「深海の世界—科学しかけえほん. 新発見シリーズ」 ジョン・ウッドワードぶん;小坂香保里;
伊藤美樹やく　大日本絵画　2010年【学習支援本】

「宇宙環境動物のしごと：人気の職業早わかり!」 PHP研究所編　PHP研究所　2010年12
月【学習支援本】

「深海のなぞ—100の知識；第4期」 カミラ・ド・ラ・ベドワイエール著;渡辺政隆日本語版
監修　文研出版　2011年10月【学習支援本】

「深海のサバイバル：生き残り作戦—かがくるbook. 科学漫画サバイバルシリーズ」 ゴムド
リco.文;韓賢東絵　朝日新聞出版　2012年1月【学習支援本】

▶ お仕事の様子をお話で読むには

「アニメおさるのジョージちしきえほんたんけんうみのそこ」 マーガレット・レイ原作;ハン
ス・アウグスト・レイ原作;ベサニー・Ｖ・フレイタス翻案;ブルース・アキヤマテレビアニメ
脚本;山北めぐみ訳　金の星社　2021年12月【絵本】

地学

地球やその周りの自然現象を学ぶ科学で、地学者は、地球の中身（岩や土）や、地震、火山、気候、天気などを調べます。地球がどのようにできたのか、どのように変わり続けているのかを理解することが目的です。また、地震や火山の活動がどんな影響を与えるかを研究し、災害から人々を守る方法を考えます。

地球の環境を守るために、地学者は自然のしくみを理解し、科学を活用して問題を解決する方法を探しています。地学は、地球の未来や人々の生活にとってとても重要です。

▶ お仕事について詳しく知るには

「楽しくできる!小学生の理科クイズ1000―まなぶっく」 学習理科クイズ研究会著 メイツ出版 2010年2月【学習支援本】

「小・中学生むき理科のわくわく実験」 理科の自由研究室編 理工図書 2010年8月【学習支援本】

「地形探検図鑑:大地のようすを調べよう―子供の科学・サイエンスブックス」 目代邦康著 誠文堂新光社 2011年9月【学習支援本】

「日本列島大地まるごと大研究 1」 渡辺一夫文・写真 ポプラ社 2012年3月【学習支援本】

「日本列島大地まるごと大研究 2」 渡辺一夫文・写真 ポプラ社 2012年3月【学習支援本】

「日本列島大地まるごと大研究 3」 吉田忠正文・写真 ポプラ社 2012年3月【学習支援本】

「日本列島大地まるごと大研究 4」 吉田忠正文・写真 ポプラ社 2012年3月【学習支援本】

「日本列島大地まるごと大研究 5」 渡辺一夫文・写真 ポプラ社 2012年3月【学習支援本】

「巨大地震をほり起こす:大地の警告を読みとくぼくたちの研究―ちしきのもり」 宍倉正展著 少年写真新聞社 2012年4月【学習支援本】

「宝石:見ながら学習調べてなっとく―ずかん」 飯田孝一監修 技術評論社 2012年11月【学習支援本】

「親子で学ぶ科学図鑑:基礎からわかるビジュアルガイド」 キャロル・ヴォーダマンほか著;渡辺滋人訳;北川玲訳 創元社 2013年10月【学習支援本】

「2時間でおさらいできる中学理科」 左巻健男著 大和書房（だいわ文庫） 2014年3月【学

習支援本】

「基礎からしっかりわかるカンペキ!小学理科—まなびのずかん」 理科教育研究会著;小川眞士監修 技術評論社 2014年5月【学習支援本】

「視覚でとらえるフォトサイエンス地学図録」 数研出版編集部編 数研出版 2016年6月【学習支援本】

「アンダーアース・アンダーウォーター:地中・水中図絵」 アレクサンドラ・ミジェリンスカ作・絵;ダニエル・ミジェリンスキ作・絵;徳間書店児童書編集部訳 徳間書店 2016年12月【学習支援本】

「地底のクライシス—科学学習まんがクライシス・シリーズ」 麻生羽呂まんが;三条和都ストーリー 小学館 2017年4月【学習支援本】

「地面の下をのぞいてみれば…—Rikuyosha Children & YA Books. 絵本図鑑:その下はどうなっているの?」 カレン・ラッチャナ・ケニー文;スティーブン・ウッド絵 六耀社 2017年8月【学習支援本】

「目でみる地下の図鑑 = The Visual Guide to Underground」 こどもくらぶ編 東京書籍 2017年8月【学習支援本】

「地面の下には、何があるの?:地球のまんなかまでどんどんのびるしかけ絵本」 シャーロット・ギラン文;ユヴァル・ゾマー絵;小林美幸訳 河出書房新社 2017年10月【学習支援本】

「なるほど!理科図録」 ワオ・コーポレーション教育総合研究所理科チーム編著 受験研究社(自由自在Visual) 2018年4月【学習支援本】

「石はなにからできている?」 西村寿雄文;武田晋一写真;ボコヤマクリタ構成 岩崎書店(ちしきのぽけっと) 2018年9月【学習支援本】

「視覚でとらえるフォトサイエンス地学図録 改訂版」 数研出版編集部編 数研出版 2018年12月【学習支援本】

「日本のスゴイ科学者 = GREAT SCIENTISTS in JAPAN:29人が教える発見のコツ」 日本科学未来館編著;朝日小学生新聞編著;池田圭吾イラスト 朝日学生新聞社 2019年1月【学習支援本】

「中学3年分の生物・地学が面白いほど解ける65のルール」 左巻健男編著 明日香出版社 2019年3月【学習支援本】

「ツッコミ!理科」 江上修著;高濱正伸監修 永岡書店 2019年4月【学習支援本】

「理科の図鑑:小学生のうちに伸ばしたい世界基準の理系脳を育てる:生物、化学、物理、地学など全分野入っている!—子供の科学ビジュアル図鑑」 田中千尋監修;中里京子訳 誠文堂新光社 2019年12月【学習支援本】

「ミュージアムポップアップ:フランス国立自然史博物館:パリ植物園内のギャラリーをめぐります—とびだししかけえほん」 アンヌ=フロランス・ルマソン文;ドミニク・エルハルト絵;瀧下哉代訳 大日本絵画 2020年6月【学習支援本】

「これだけは知っておきたい岩石・鉱物図鑑:英語も学べる!」 デヴィン・デニー著;小田島庸浩監修・翻訳 パイインターナショナル 2020年7月【学習支援本】

「チバニアン誕生 : 方位磁針のN極が南をさす時代へ―ポプラ社ノンフィクション ; 39. 科学」 岡田誠著　ポプラ社　2021年6月【学習支援本】

「山の上に貝がらがあるのはなぜ? : はじめての地質学」　アレックス・ノゲス文;ミレン・アシアイン=ロラ絵;宇野和美訳　岩崎書店　2021年12月【学習支援本】

農学

農業にかかわる科学の分野です。農学者は、作物を育てる方法や、農業を手助けする昆虫や動物を守る方法を研究します。例えば、どんな土や肥料が作物に良いか、どのようにして病気や害虫を防ぐかを考えます。また、農業が環境に与える影響を調べ、持続可能（ずっと続けられる）な方法を見つけることも重要な仕事です。農学は、食べものを安全でおいしく育てるために役立つ学問です。農学者は、世界中で食料を安定して供給するために、農業の技術や方法を改善しています。

▶ お仕事について詳しく知るには

「農学が世界を救う! : 食料・生命・環境をめぐる科学の挑戦」　生源寺眞一編著;太田寛行編著;安田弘法編著　岩波書店（岩波ジュニア新書）　2017年10月【学習支援本】

「栄養学部 : 中高生のための学部選びガイド―なるにはBOOKS. 大学学部調べ」　佐藤成美著　ぺりかん社　2019年7月【学習支援本】

「農学部 : 中高生のための学部選びガイド―なるにはBOOKS. 大学学部調べ」　佐藤成美著　ぺりかん社　2021年8月【学習支援本】

植物学

植物について学ぶ科学の一分野です。
植物がどのように育ち、どんな環境で
元気に育つのかを研究し、また、植物
にはどんな種類があるか、どうやって
繁殖するか、どんな役割を果たしてい
るかを調べます。植物学者は、植物を
使って薬を作ったり、農業や環境保護に役立つ方法を考えたりします。
植物は、酸素を作り、食べものや薬を提供してくれる大切な存在であり、
そのしくみを理解することがとても大切です。植物学は、地球の環境を
守り、人々の生活を支えるために重要です。

▶ お仕事について詳しく知るには

「学習漫画世界の偉人伝 4 (医療・教育につくした人たち)」 富士山みえる編著・作画 汐
文社 2010年3月【学習支援本】

「職場体験完全ガイド 15」 ポプラ社 2010年3月【学習支援本】

「植物の生態図鑑 改訂新版—大自然のふしぎ = Nature library：増補改訂」 学研教育出
版 2010年4月【学習支援本】

「中学理科の生物学—実践ビジュアル教科書」 福地孝宏著 誠文堂新光社 2011年6月【学
習支援本】

「見てびっくり野菜の植物学：ゲッチョ先生の野菜コレクション」 盛口満文・絵 少年写真
新聞社 2012年2月【学習支援本】

「「桜ノ博士」三好学物語」 吉田健二著;岐阜県恵那市三好学博士生誕150年記念事業実行委
員会企画・監修 PHP研究所 2012年3月【学習支援本】

「はじめての植物学：植物たちの生き残り戦略」 大場秀章著 筑摩書房(ちくまプリマー新
書) 2013年3月【学習支援本】

「長沼毅の世界は理科でできている 植物」 長沼毅監修 ほるぷ出版 2013年7月【学習支
援本】

「まちぼうけの生態学 = SPIDERS MEET INSECTS：アカオニグモと草むらの虫たち—たく
さんのふしぎ傑作集」 遠藤知二文;岡本よしろう絵 福音館書店 2015年9月【学習支援本】

「植物：電子顕微鏡でのぞいてみよう!—ミクロワールド大図鑑」 宮澤七郎監修;医学生物学

電子顕微鏡技術学会編;中村澄夫編集責任　小峰書店　2015年10月【学習支援本】

「雑草はなぜそこに生えているのか：弱さからの戦略」　稲垣栄洋著　筑摩書房（ちくまプリマー新書）　2018年1月【学習支援本】

「青のなかの青：アンナ・アトキンスと世界で最初の青い写真集―評論社の児童図書館・絵本の部屋」　フィオナ・ロビンソンさく;せなあいこやく　評論社　2021年3月【学習支援本】

「植物たちのフシギすぎる進化：木が草になったって本当?」　稲垣栄洋著　筑摩書房（ちくまQブックス）　2021年9月【学習支援本】

考古学

昔の人々の生活を学ぶための科学です。古代の遺跡や埋まっている物を掘り出して、その時代の人々がどんな生活をしていたのかを調べます。例えば、古い道具や建物の跡、絵や文字を見つけて、昔の文化や歴史を解明します。発掘したものから人々がどんな食べものを食べていたのか、どんな技術を使っていたのかを知ることができます。考古学は、私たちが今どうやって生活しているかを理解する手助けをしてくれる学問です。昔の人々がどのように生活していたのかを知ることで、今の社会をよりよくするためのヒントを得ることができます。

▶お仕事について詳しく知るには

「チャビの世界大冒険 1」　ゴムドリco.文;カン・ギョンヒョ画;Hana韓国語教育研究会訳　学研教育出版　2010年2月【学習支援本】

「チャビの世界大冒険 2」　ゴムドリco.文;カン・ギョンヒョ画;Hana韓国語教育研究会訳　学研教育出版　2010年2月【学習支援本】

「平城京：古代の都市計画と建築 新装版―日本人はどのように建造物をつくってきたか」　宮本長二郎著;穂積和夫イラスト　草思社　2010年3月【学習支援本】

「考古学の挑戦：地中に問いかける歴史学」 阿部芳郎編著 岩波書店（岩波ジュニア新書） 2010年6月【学習支援本】

「チンギス・ハンの墓はどこだ?」 白石典之著 くもん出版 2010年12月【学習支援本】

「考古学がよくわかる事典：土にうもれた歴史をさぐる!：発掘の方法から遺物の見方まで」 國學院大學考古学研究室編 PHP研究所 2010年12月【学習支援本】

「世界の発掘現場と冒険家たち：考古学ふしぎ図鑑」 ステファヌ・コンポワン文・写真;青柳正規日本語版監修;野中夏実訳 西村書店東京出版編集部 2013年6月【学習支援本】

「はじめての考古学—あさがく選書；4」 菊池徹夫著 朝日学生新聞社 2013年11月【学習支援本】

「古代エジプト：黄金のマスクとピラミッドをつくった人びと—ナショナルジオグラフィック. 考古学の探検」 ジル・ルバルカーバ著;ジャニス・カムリン監修;日暮雅通訳 BL出版 2013年12月【学習支援本】

「古代中国：兵士と馬とミイラが語る王朝の栄華—ナショナルジオグラフィック. 考古学の探検」 ジャクリーン・ボール著;リチャード・リーヴィ著;ロバート・マロウチック監修;中川治子訳 BL出版 2013年12月【学習支援本】

「古代インド：死者の丘とハラッパーから仏教とヒンドゥーの聖地へ—ナショナルジオグラフィック. 考古学の探検」 アニタ・ダラル著;モニカ・L.スミス監修;小野田和子訳 BL出版 2014年3月【学習支援本】

「古代マヤ：密林に開花した神秘の文明の軌跡をたどる—ナショナルジオグラフィック. 考古学の探検」 ナサニエル・ハリス著;エリザベス・グレアム監修;赤尾秀子訳 BL出版 2014年3月【学習支援本】

「勇者はなぜ、逃げ切れなかったのか：歴史から考えよう「災害を生きぬく未来」」 田所真著 くもん出版 2016年1月【学習支援本】

「おもしろ謎解き『縄文』のヒミツ：1万3000年続いたオドロキの歴史：図解まんが」 こんだあきこ著;スソアキコ著;武藤康弘監修 小学館 2018年7月【学習支援本】

「親子でまなぶたのしい考古学」 山岸良二文;さかいひろこさし絵 同成社 2018年7月【学習支援本】

「謎解き聖書物語」 長谷川修一著 筑摩書房（ちくまプリマー新書） 2018年12月【学習支援本】

「冒険考古学失われた世界への時間旅行」 堤隆著;北住ユキ画 新泉社（13歳からの考古学） 2019年7月【学習支援本】

「世界の歴史大年表：ビジュアル版」 定延由紀訳;李聖美訳;中村佐千江訳;伊藤理子訳 創元社 2020年3月【学習支援本】

「世界史探偵コナン：名探偵コナン歴史まんが 7—CONAN HISTORY COMIC SERIES」 青山剛昌原作 小学館 2021年4月【学習支援本】

「どっちが強い!?X 7—角川まんが超科学シリーズ；C7」 小林快次監修;スライウム著;エアーチーム著・イラスト KADOKAWA 2021年7月【学習支援本】

「古代文明と星空の謎」 渡部潤一著 筑摩書房（ちくまプリマー新書） 2021年8月【学習支援本】

「はじめての考古学」 松木武彦著 筑摩書房（ちくまプリマー新書） 2021年11月【学習支援本】

遺伝子研究

生き物の成長や特性がどのように決まるのかを調べる科学です。遺伝子は、生物の体を作るための設計図のようなもので、親から子に受け継がれます。遺伝子の情報を理解することで、病気の原因を見つけたり、治療法を開発したりすることがで

きます。また、農作物をより強く育てたり、品種を改良したりするためにも遺伝子研究は役立っています。遺伝子研究は、自然をもっと良くしたり、持続可能な農業にも役立っています。

▶ お仕事について詳しく知るには

「名探偵コナン推理ファイル農業と漁業の謎―小学館学習まんがシリーズ. CONAN COMIC STUDY SERIES」 青山剛昌原作;阿部ゆたかまんが;丸伝次郎まんが;太田弘監修;平良隆久シナリオ 小学館 2012年12月【学習支援本】

「たねのふしぎものがたり 3（食べものと、たねの未来）―科学えほん」 山田実編著;森雅之絵 岩崎書店 2015年3月【学習支援本】

「ムギの大百科」 吉田久編 農山漁村文化協会（まるごと探究!世界の作物） 2018年2月【学習支援本】

▶ お仕事の様子をお話で読むには

「華麗なる探偵アリス&ペンギン [9]」 南房秀久著;あるやイラスト 小学館（小学館ジュニア文庫） 2017年5月【児童文学】

天文学、暦学

天文学は、星や惑星、宇宙のしくみを学ぶ科学です。望遠鏡を使って夜空の星を観察し、どんな星がどこにあるのか、惑星がどう動いているのかを調べます。暦学は、時間や日付を計算する学問です。例えば、1年がなぜ365日なのか、月の動きや季節の変わり目を計算して、カレンダーを作る方法を研究します。

天文学と暦学はとても密接に関係していて、星の動きや地球の軌道をもとに、時間をはかることができます。この2つの学問は、私たちが毎日使っているカレンダーや時計のしくみを理解するのに役立ちます。

▶ **お仕事について詳しく知るには**

「秘密指令月をめざせ！：天体の話：理科—チャートブックス学習シリーズ」 縣秀彦監修 数研出版 2010年5月【学習支援本】

「宇宙と私たち：天文学入門ジュニア編」 嶺重慎;高橋淳著;京都大学大学院理学研究科監修 読書工房 2011年3月【学習支援本】

「月のかがく」 えびなみつる絵と文;中西昭雄写真;渡部潤一監修 旬報社 2011年5月【学習支援本】

「ヒラメキ公認ガイドブックようこそ宇宙へ」 リサ・スワーリング;ラルフ・レイザーイラスト;キャロル・ストット文;伊藤伸子訳 化学同人 2011年12月【学習支援本】

「宇宙の地図 = Cosmic Atlas：2013.1.1-12：00」 観山正見;小久保英一郎著 朝日新聞出版 2011年12月【学習支援本】

「太陽のかがく」 えびなみつる絵と文;中西昭雄写真;渡部潤一監修 旬報社 2012年4月【学習支援本】

「100の知識星の科学」 スー・ベックレイク著;渡辺政隆日本語版監修 文研出版 2012年9月【学習支援本】

「星空のかがく」 渡部潤一監修;えびなみつる絵と文;中西昭雄写真 旬報社 2013年8月【学習支援本】

「星の声に、耳をすませて—15歳の寺子屋」 林完次著 講談社 2013年9月【学習支援本】

「2時間でおさらいできる中学理科」 左巻健男著 大和書房（だいわ文庫） 2014年3月【学

習支援本】

「星のこども：カール・セーガン博士と宇宙のふしぎ―絵本地球ライブラリー」 ステファニー・ロス・シソン作;山崎直子訳 小峰書店 2014年11月【学習支援本】

「新・天文学入門：カラー版」 嶺重慎編著;鈴木文二編著 岩波書店（岩波ジュニア新書）2015年6月【学習支援本】

「宇宙探査の歴史：&宇宙の起源にせまる21のアクティビティー―ジュニアサイエンス」 MARYKAYCARSON著;谷口義明監訳;鈴木将訳;鈴木理訳 丸善出版 2016年2月【学習支援本】

「ガリレオと新しい学問―世界の伝記科学のパイオニア」 マーチン・サジェット作;おおつかのりこ訳 玉川大学出版部 2016年5月【学習支援本】

「宇宙を仕事にしよう!―14歳の世渡り術」 村沢譲著 河出書房新社 2016年11月【学習支援本】

「超巨大ブラックホールに迫る：「はるか」が創った3万kmの瞳」 平林久作 新日本出版社 2017年2月【学習支援本】

「14歳からの天文学」 福江純著 日本評論社 2017年7月【学習支援本】

「月学：伝説から科学へ」 稲葉茂勝著;縣秀彦監修 今人舎 2017年8月【学習支援本】

「眠れなくなる宇宙といのちのはなし：絵本―講談社の創作絵本」 佐藤勝彦作;長崎訓子絵 講談社 2017年8月【学習支援本】

「太陽のきほん：ゆかいなイラストですっきりわかる：太陽は何色?どうやって生まれたの?その活動から読み解く太陽のふしぎ」 上出洋介著 誠文堂新光社 2018年1月【学習支援本】

「惑星ってなあに?」 赤木かん子作 新樹社（もっと知りたい・宇宙） 2018年5月【学習支援本】

「月の満ちかけをながめよう」 森雅之イラスト;相馬充監修 誠文堂新光社 2018年9月【学習支援本】

「宇宙・天文で働く―なるにはBOOKS」 本田隆行著 ぺりかん社 2018年10月【学習支援本】

「宇宙のすがたを科学する」 ギヨーム・デュプラ著;渡辺滋人訳 創元社 2018年11月【学習支援本】

「科学のなぜ?新事典―自由自在ビジュアル」 川村康文監修;理科教育研究会編著 受験研究社 2018年11月【学習支援本】

「世界を驚かせた女性の物語 [2]」 ジョージア・アムソン-ブラッドショー著;リタ・ペトルッチオーリ絵;阿蘭ヒサコ訳 旬報社 2020年1月【学習支援本】

「地球について知っておくべき100のこと―インフォグラフィックスで学ぶ楽しいサイエンス」 ジェローム・マーティン文;ダラン・ストッバート文;アリス・ジェームス文;トム・マンブレイ文;フェデリコ・マリアーニイラスト;パルコ・ポロイラスト;デール・エドウィン・マレイイラスト;竹内薫訳・監修 小学館 2020年1月【学習支援本】

「誰でもわかる日本の二十四節気と七十二候」 脳トレーニング研究会編 黎明書房（図書館版誰でもわかる古典の世界） 2020年2月【学習支援本】

「オールカラー楽しくわかる!地球と天体 : 理科がどんどん好きになる!―ナツメ社やる気ぐんぐんシリーズ」 小川眞士監修 ナツメ社 2020年3月【学習支援本】

「星と星座 新版」 渡部潤一監修・指導・執筆;出雲晶子監修・指導・執筆;牛山俊男撮影;ほか撮影 小学館（小学館の図鑑NEO） 2020年9月【学習支援本】

「コペルニクス―よみがえる天才;5」 高橋憲一著 筑摩書房（ちくまプリマー新書） 2020年12月【学習支援本】

「地球以外に生命を宿す天体はあるのだろうか?―岩波ジュニアスタートブックス」 佐々木貴教著 岩波書店 2021年5月【学習支援本】

「古代文明と星空の謎」 渡部潤一著 筑摩書房（ちくまプリマー新書） 2021年8月【学習支援本】

リジェネラティブ農業

土や自然を大切にしながら農業を行う方法です。普通の農業は、土地を使いすぎて土が痩せてしまうことがありますが、リジェネラティブ農業では、土を元気に戻すことを目指します。例えば、作物を育てる間に土に栄養を与える植物を育てたり、土が風や水で流れないように工夫したりします。また、この方法では化学肥料や農薬の使用を減  らし、自然の力を利用して作物を育てます。これによって、土壌が健康になり、作物もより強く育ちます。リジェネラティブ農業は、長い目で見て地球にも人々にもやさしい農業の方法と言えます。

品種改良

植物や動物の種類をより良くするための方法です。例えば、野菜や果物をよりおいしく、丈夫に育てるために、長い時間をかけて、最適な種類を選んで交配します。これによって、病気に強い作物や、より多くの実をつける植物を作ることができます。品種改良は、私たちの生活に必要な食べものをより豊かにし、安定して供給できるようにするために重要な役割を果たしています。また、自然の力をうまく使って、環境にやさしい方法で行われることが大切です。

▶ お仕事について詳しく知るには

「日本の農業 4」　　岩崎書店　2010年4月【学習支援本】

「日本の農業 5」　　岩崎書店　2010年4月【学習支援本】

「タネの大図鑑：色・形・大きさがよくわかる：身近な花・木から野菜・果物まで」　ワン・ステップ編;サカタのタネ監修　PHP研究所　2010年11月【学習支援本】

「食料問題にたちむかう―世界と日本の食料問題」　山崎亮一監修　文研出版　2012年2月【学習支援本】

「ジャガイモ―地球を救う!植物」　津幡道夫著　大日本図書　2013年1月【学習支援本】

「イネ・米―地球を救う!植物」　津幡道夫著　大日本図書　2013年2月【学習支援本】

「コムギ―地球を救う!植物」　津幡道夫著　大日本図書　2013年3月【学習支援本】

「トウモロコシ―地球を救う!植物」　津幡道夫著　大日本図書　2013年3月【学習支援本】

「コメの歴史を変えたコシヒカリ―農業に奇跡を起こした人たち；第1巻」　小泉光久著;根本博監修　汐文社　2013年7月【学習支援本】

「モンスターと呼ばれたリンゴふじ―農業に奇跡を起こした人たち」　小泉光久著;土屋七郎監修　汐文社　2013年12月【学習支援本】

「大粒ブドウの時代をつくった巨峰―農業に奇跡を起こした人たち」　小泉光久著;柴壽監修　汐文社　2014年2月【学習支援本】

「夢のカンキツ清見―農業に奇跡を起こした人たち」 小泉光久著;吉岡照高監修 汐文社 2014年2月【学習支援本】

「データと地図で見る日本の産業 1」 石谷孝佑監修 ポプラ社 2014年4月【学習支援本】

「ずかんフルーツ：見ながら学習調べてなっとく」 米本仁巳著 技術評論社 2014年8月【学習支援本】

「農業者という生き方―発見!しごと偉人伝」 藤井久子著 ぺりかん社 2014年9月【学習支援本】

「たねのふしぎものがたり 3 (食べものと、たねの未来)―科学えほん」 山田実編著;森雅之絵 岩崎書店 2015年3月【学習支援本】

「日本の米づくり 2」 根本博著・編集 岩崎書店 2015年3月【学習支援本】

「日本の米づくり 4」 根本博著・編集 岩崎書店 2015年3月【学習支援本】

「農業の発明発見物語 3」 小泉光久著;堀江篤史絵 大月書店 2015年10月【学習支援本】

「お米の大研究：イネの生態から文化とのかかわりまで―楽しい調べ学習シリーズ」 丸山清明監修 PHP研究所 2015年12月【学習支援本】

「大研究お米の図鑑」 本林隆監修;国土社編集部編集 国土社 2016年3月【学習支援本】

「梅パワーのひみつ―学研まんがでよくわかるシリーズ；114」 田川滋漫画;橘悠紀構成 学研プラス出版プラス事業部出版コミュニケーション室 2016年3月【学習支援本】

「よくわかる米の事典 3」 稲垣栄洋監修;谷本雄治指導 小峰書店 2016年4月【学習支援本】

「よくわかる米の事典 5」 稲垣栄洋監修;谷本雄治指導 小峰書店 2016年4月【学習支援本】

「米のプロに聞く!米づくりのひみつ 2」 鎌田和宏監修 学研プラス 2017年2月【学習支援本】

「子どもの心を育む花育をはじめよう [2]」 大久保有加著;加藤潤子著 汐文社 2017年3月【学習支援本】

「キウイフルーツのひみつ―学研まんがでよくわかるシリーズ；131」 おがたたかはる漫画;Willこども知育研究所構成・文 学研プラスメディアビジネス部コンテンツ営業室 2017年9月【学習支援本】

「りんごって、どんなくだもの?―調べる学習百科」 安田守写真・文 岩崎書店 2017年12月【学習支援本】

「ムギの大百科」 吉田久編 農山漁村文化協会(まるごと探究!世界の作物) 2018年2月【学習支援本】

「子どもに伝えたい和の技術 7」 和の技術を知る会著 文溪堂 2018年3月【学習支援本】

「イネの大百科」 堀江武編 農山漁村文化協会(まるごと探究!世界の作物) 2018年4月【学習支援本】

「いちごだんめん図鑑」 わたなべまこ@築地市場ドットコム著 小学館 2018年6月【学習

支援本】

「科学がひらくスマート農業・漁業 1」　小泉光久著;大谷隆二監修;寺坂安里絵　大月書店
2018年9月【学習支援本】

「お米のこれからを考える 1」「お米のこれからを考える」編集室著　理論社　2018年10月
【学習支援本】

「科学がひらくスマート農業・漁業 2」　小泉光久著;寺坂安里絵　大月書店　2019年3月【学
習支援本】

「科学がひらくスマート農業・漁業 3」　小泉光久著;寺坂安里絵　大月書店　2019年3月【学
習支援本】

「イネ・米・ごはん大百科 4」　辻井良政監修;佐々木卓治監修　ポプラ社　2020年4月【学
習支援本】

「かんきつだんめん図鑑」　わたなべまこ@豊洲市場ドットコム著　小学館　2020年11月【学
習支援本】

「植物ないしょの超能力：学校では教えない草花のヒミツ90—小学生のミカタ」　田中修著
小学館　2021年7月【学習支援本】

「ドラえもん探究ワールド食料とおいしさの未来—ビッグ・コロタン；196」　藤子・Ｆ・不
二雄まんが;藤子プロ監修;農研機構監修　小学館　2021年9月【学習支援本】

「米—おいしく安心な食と農業」　吉永悟志監修;小泉光久制作・文　文研出版　2021年9月
【学習支援本】

家族農業

家族みんなで協力して農業を行う方法です。大きな農場ではなく、小さな規模で野菜や果物、米などを育てます。家族一緒に畑や田んぼの手入れをして、育てた作物を食べたり、販売したりします。家族農業の特徴は、家族全員が大切な役割を持ち、農業に携わることです。お父さんやお母さ

んが作物を育て、子どもたちが手伝いながら、農業を学びます。また、家族が作る農産物は、地元の人たちと直接つながり、食べものの大切さを伝えることができます。

▶ お仕事について詳しく知るには

「ムギの大百科」 吉田久編 農山漁村文化協会（まるごと探究!世界の作物） 2018年2月【学習支援本】

「ケンさん、イチゴの虫をこらしめる：「あまおう」栽培農家の挑戦!」 谷本雄治著 フレーベル館（フレーベル館ノンフィクション） 2020年10月【学習支援本】

「13歳からの食と農：家族農業が世界を変える」 関根佳恵著 かもがわ出版 2020年11月【学習支援本】

「家族農業が世界を変える 1」 関根佳恵監修・著 かもがわ出版 2021年10月【学習支援本】

「家族農業が世界を変える 2」 関根佳恵監修・著 かもがわ出版 2021年12月【学習支援本】

スマート農業、AI・IoT農業

最新の技術を使って農業をより効率よく、環境にやさしく行う方法です。AI（人工知能）やIoT（モノのインターネット）という技術を使って、農作物の状態を監視したり、作業を自動化したりします。これにより、農業の

効率がアップし、無駄を減らすことができます。また、病気や害虫の早期発見にも役立ち、農作物が元気に育つ手助けをします。IoT技術を使って、遠くにいてもスマートフォンで農場の状態をチェックできるため、農家の人々は時間や手間を節約できるのです。

▶ お仕事について詳しく知るには

「農業者になるには―なるにはbooks；46」 佐藤亮子編著　ぺりかん社　2011年11月【学習支援本】

「名探偵コナン推理ファイル農業と漁業の謎―小学館学習まんがシリーズ. CONAN COMIC STUDY SERIES」 青山剛昌原作;阿部ゆたかまんが;丸伝次郎まんが;太田弘監修;平良隆久シナリオ　小学館　2012年12月【学習支援本】

「米のプロに聞く!米づくりのひみつ 2」 鎌田和宏監修　学研プラス　2017年2月【学習支援本】

「社会でがんばるロボットたち 3」 佐藤知正監修　鈴木出版　2018年2月【学習支援本】

「科学がひらくスマート農業・漁業 1」 小泉光久著;大谷隆二監修;寺坂安里絵　大月書店　2018年9月【学習支援本】

「お米のこれからを考える 4」 「お米のこれからを考える」編集室著　理論社　2018年10月【学習支援本】

「世界にはばたけ!明日の農業・未来の漁業 1」　教育画劇　2019年2月【学習支援本】

「科学がひらくスマート農業・漁業 2」 小泉光久著;寺坂安里絵　大月書店　2019年3月【学習支援本】

「科学がひらくスマート農業・漁業 3」 小泉光久著;寺坂安里絵　大月書店　2019年3月【学習支援本】

「世界にはばたけ!明日の農業・未来の漁業 2」 山本美佳執筆;オフィス303執筆　教育画劇

2019年4月【学習支援本】

「スマート農業の大研究：ICT・ロボット技術でどう変わる?」　海津裕監修　PHP研究所（楽しい調べ学習シリーズ）　2020年2月【学習支援本】

「くらしをべんりにする新・情報化社会の大研究 4」　藤川大祐監修　岩崎書店　2021年3月【学習支援本】

「ドラえもん探究ワールド食料とおいしさの未来―ビッグ・コロタン；196」　藤子・F・不二雄まんが;藤子プロ監修;農研機構監修　小学館　2021年9月【学習支援本】

「米―おいしく安心な食と農業」　吉永悟志監修;小泉光久制作・文　文研出版　2021年9月【学習支援本】

パーマカルチャー

自然のしくみをまねして、環境にやさしい方法で生活するための考え方で、例えば、植物や動物を使って、土地を自然に育てる方法を学びます。農作物を育てるときに、化学肥料や農薬を使わず、自然の力を生かして、土や水を大切にしながら育てます。また、リサイクルや再利用を大切にして、無駄なものを減らすことも重視します。例えば、雨水を集めて使ったり、エネルギーを効率よく使ったりして、地球にやさしい生活を作り出します。

バイオテクノロジー

生き物の力を利用して新しいものを作り出す技術のことです。例えば、植物や動物の細胞や遺伝子を使って、食べものを作ったり、病気を治したり、作物がもっと元気に育ったり、病気に強くなったりすることが可能になります。この技術は医薬品の開発にも役立っています。例えば、病気  を治す薬やワクチンを作るときに、生き物の細胞を利用して必要な成分を作り出します。バイオテクノロジーは、私たちの生活を便利にしたり、健康を守ったりするために、とても重要な役割を果たしています。

▶ お仕事について詳しく知るには

「池上彰のニュースに登場する世界の環境問題 3（食糧）」 稲葉茂勝訳・文;サラ・レベーテ原著;池上彰監修　さ・え・ら書房　2010年4月【学習支援本】

「自然に学ぶものづくり図鑑：かたち・しくみ・動き：繊維から家電・乗り物まで」 赤池学監修　PHP研究所　2011年1月【学習支援本】

「ひらく、ひらく「バイオの世界」：14歳からの生物工学入門」 日本生物工学会編　化学同人　2012年10月【学習支援本】

「名探偵コナン推理ファイル農業と漁業の謎―小学館学習まんがシリーズ. CONAN COMIC STUDY SERIES」 青山剛昌原作;阿部ゆたかまんが;丸伝次郎まんが;太田弘監修;平良隆久シナリオ　小学館　2012年12月【学習支援本】

「高校生からのバイオ科学の最前線：iPS細胞・再生医学・ゲノム科学・バイオテクノロジー・バイオビジネス・iGEM」 石浦章一監修;片桐友二編集;生化学若い研究者の会著　日本評論社　2014年8月【学習支援本】

「コスモスの謎：色も香りもチョコそっくり!?チョコレートコスモス大研究」 奥隆善著　誠文堂新光社　2014年9月【学習支援本】

「ミクロの世界を探検しよう：電子顕微鏡でのぞいてみよう!―ミクロワールド大図鑑」 根本典子編集責任　小峰書店　2016年3月【学習支援本】

「バイオ技術者・研究者になるには―なるにはBOOKS」 堀川晃菜著　ぺりかん社　2018年8月【学習支援本】

グリーンケミストリー

環境にやさしい方法で化学を使うことを目指す科学の分野です。普通の化学反応では、たくさんの廃棄物や汚染物質が出ることがありますが、グリーンケミストリーではそれを減らしたり、なくしたりする方法を考えます。例えば、有害な化学物質を使わないで、新しい製品を作る方法を探したり、リサイクルできる材料を使って、環境を守りながら効率的にものを作ったりします。これにより、地球を守るためにできることが増え、私たちが住む環境をきれいに保つことができます。

▶ **お仕事について詳しく知るには**

「総合商社図鑑：未来をつくる仕事がここにある」 三井物産監修;青山邦彦絵;日経BPコンサルティング編集　日経BPコンサルティング　2012年8月【学習支援本】

バイオフィリックデザイン

建物や場所に自然の要素を取り入れる方法で、自然の中にいるような気持ちになるように、植物や水、自然の光を使います。例えば、室内にたくさんの植物を置いたり、大きな窓で外の景色を見えるようにしたりします。このようにすると、自然の力で気持ちがリフレッシュされ、ストレスが減ったり、集中力が高まったりします。バイオフィリックデザインは、家や学校、オフィスなど、どんな場所でも使うことができ、みんなが元気に過ごせる環境を作るための方法です。

家庭菜園
かていさいえん

自宅の庭やベランダなどで野菜や果物を育てることです。トマトやナス、レタス、きゅうりなど、いろいろな野菜を自分の手で育てます。必要なことは、まず土づくり。植物が元気に育つために、土の中に栄養を与える肥料や水をあげます。次に、太陽の光が当たる場所を選び、種や苗を植えます。家庭菜園では、植物がどのように成長するかを見ることができ、収穫のときには自分で育てた野菜を食べることができてとても楽しいです。家庭菜園は、自然とつながりながら食べものを育てるすばらしい方法です。

▶お仕事について詳しく知るには

「農作業の絵本 2―そだててあそぼう；97」　じんさきそうこえ　農山漁村文化協会　2010年12月【学習支援本】

「農作業の絵本 3―そだててあそぼう；98」　じんさきそうこえ　農山漁村文化協会　2010年12月【学習支援本】

「農作業の絵本 4―そだててあそぼう；99」　じんさきそうこえ　農山漁村文化協会　2010年12月【学習支援本】

「農作業の絵本 5―そだててあそぼう；100」　じんさきそうこえ　農山漁村文化協会　2010年12月【学習支援本】

「シリーズはたらく農業機械 3」　こどもくらぶ編；高井宗宏監修　農山漁村文化協会　2012年3月【学習支援本】

「おおきな写真でよくわかる！さいばいとかんさつのコツ：そだてるやさい 1」　アルスフォト企画監修・写真　岩崎書店　2019年12月【学習支援本】

「おおきな写真でよくわかる！さいばいとかんさつのコツ：そだてるやさい 2」　アルスフォト企画監修・写真　岩崎書店　2020年1月【学習支援本】

「おおきな写真でよくわかる！さいばいとかんさつのコツ：そだてるやさい 3」　アルスフォト企画監修・写真　岩崎書店　2020年1月【学習支援本】

「おおきな写真でよくわかる！さいばいとかんさつのコツ：そだてるやさい 4」　アルスフォト企画監修・写真　岩崎書店　2020年1月【学習支援本】

「おおきな写真でよくわかる！さいばいとかんさつのコツ：そだてるやさい 5」 アルスフォト企画監修・写真 岩崎書店 2020年1月【学習支援本】

「おおきな写真でよくわかる！さいばいとかんさつのコツ：そだてるやさい 10」 アルスフォト企画監修・写真 岩崎書店 2020年2月【学習支援本】

「おおきな写真でよくわかる！さいばいとかんさつのコツ：そだてるやさい 6」 アルスフォト企画監修・写真 岩崎書店 2020年2月【学習支援本】

「おおきな写真でよくわかる！さいばいとかんさつのコツ：そだてるやさい 7」 アルスフォト企画監修・写真 岩崎書店 2020年2月【学習支援本】

「おおきな写真でよくわかる！さいばいとかんさつのコツ：そだてるやさい 8」 アルスフォト企画監修・写真 岩崎書店 2020年2月【学習支援本】

「おおきな写真でよくわかる！さいばいとかんさつのコツ：そだてるやさい 9」 アルスフォト企画監修・写真 岩崎書店 2020年2月【学習支援本】

▶ お仕事の様子をお話で読むには

「アニメおさるのジョージちしきえほんやさいすくすく」 マーガレット・レイ原作;ハンス・アウグスト・レイ原作;モニカ・ペレス翻案;ジョー・ファロンテレビアニメ脚本;山北めぐみ訳 金の星社 2021年9月【絵本】

「おじいちゃんとエンドウ」 もりうちなおみ文;かしだひろみ絵 文芸社 2021年9月【絵本】

「おいしいベランダ。：午前1時のお隣ごはん」 竹岡葉月著 KADOKAWA（富士見L文庫）2016年5月【ライトノベル・ライト文芸】

「おいしいベランダ。[2]」 竹岡葉月著 KADOKAWA（富士見L文庫） 2016年11月【ライトノベル・ライト文芸】

「おいしいベランダ。[3]」 竹岡葉月著 KADOKAWA（富士見L文庫） 2017年6月【ライトノベル・ライト文芸】

「おいしいベランダ。[4]」 竹岡葉月著 KADOKAWA（富士見L文庫） 2017年11月【ライトノベル・ライト文芸】

「おいしいベランダ。[5]」 竹岡葉月著 KADOKAWA（富士見L文庫） 2018年7月【ライトノベル・ライト文芸】

「おいしいベランダ。[6]」 竹岡葉月著 KADOKAWA（富士見L文庫） 2019年2月【ライトノベル・ライト文芸】

「おいしいベランダ。[7]」 竹岡葉月著 KADOKAWA（富士見L文庫） 2019年8月【ライトノベル・ライト文芸】

「おいしいベランダ。[8]」 竹岡葉月著 KADOKAWA（富士見L文庫） 2020年2月【ライトノベル・ライト文芸】

「おいしいベランダ。[9]」 竹岡葉月著 KADOKAWA（富士見L文庫） 2020年11月【ライ

トノベル・ライト文芸】

「おいしいベランダ。[10]」 竹岡葉月著 KADOKAWA（富士見L文庫） 2021年6月【ライトノベル・ライト文芸】

お仕事さくいん
植物や自然にかかわるお仕事

2025年4月30日　第1刷発行

発行者	道家佳織
編集・発行	株式会社DBジャパン 〒151-0073　東京都渋谷区笹塚1-5-1
電話	03-6304-2431
ファクス	03-6369-3686
e-mail	books@db-japan.co.jp
装丁	DBジャパン
電算漢字処理	DBジャパン
印刷・製本	大日本法令印刷株式会社

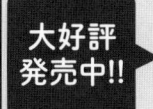